# NLP 2.0

Der ultimative Leitfaden für die neurolinguistische Programmierung:

**Wie Sie Ihr Gehirn neu verdrahten und das Leben schaffen, das Sie sich wünschen, und die Person werden, die Sie sein sollten**

inkl. 20
**psychologische Tipps und Tricks**

**Von Matteo Romano**

# Inhaltsverzeichnis

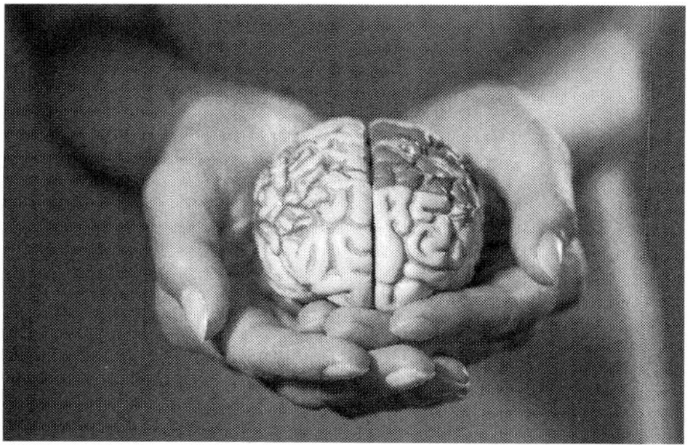

# Einleitung

Einige Menschen scheinen begabter zu sein als andere. NLP, eine der am schnellsten wachsenden Entwicklungen in der angewandten Psychologie, beschreibt in einfachen Worten, was sie anders machen, und ermöglicht es Ihnen, diese Muster der Exzellenz zu lernen.

Dieses Buch bietet die praktischen Fähigkeiten, die herausragende Kommunikatoren einsetzen. Hervorragende Kommunikation ist die Basis für hervorragende Ergebnisse. NLP-Fähigkeiten sind von unschätzbarem Wert für die persönliche Entwicklung und professionelle Exzellenz in Beratung, Bildung und Wirtschaft.

Stellen Sie sich für einen Moment vor, dass es ein bewährtes System gibt, mit dem Sie andere Menschen effektiv beeinflussen, alle Ihre alten Gewohnheiten und negativen Gedankenmuster entfernen, Ihre einschränkenden Glaubenssysteme auslöschen, mehr Erfolg erzielen, als Sie sich vorstellen können, und jedes gewünschtes Ergebnis manifestieren können.

Wäre es nicht erstaunlich, wenn es einen einfachen Prozess gäbe, mit dem Sie Ihre unterbewussten Programme analysieren, Ihre vorhandenen Verhaltensmuster organisieren und Ihre Fantasie anregen könnten, um positive Ergebnisse zu erzielen?

Nun, stellen Sie sich nichts mehr vor! Sie haben die Lösung gefunden, und diese Lösung besteht darin, das Üben der neurolinguistischen Programmierung zu lernen. Übrigens ist es tatsächlich einfacher als Sie vielleicht denken!

Dieses Buch enthält Techniken, die Ihnen helfen, NLP und Ihre persönliche Entwicklung, Kommunikationsfähigkeiten und Ihren sozialen Einfluss zu meistern!

Sie lernen:

1. Was NLP ist
2. Die Macht des Unterbewusstseins
3. Wie Sie sich motivieren können
4. Wie Sie Ihre Emotionen verwalten
5. Die besten NLP-Techniken
6. Wie Sie Ihre Ziele erreichen
7. Und vieles mehr!

# Was ist neurolinguistische Programmierung (NLP)?

NLP steht für "neurolinguistische Programmierung". NLP untersucht, wie wir unsere Gedanken denken, speichern und verarbeiten (Neuro), welche Sprachmuster wir verwenden (Linguistisch) und unser Verhalten (Programmierung) und wie diese interagieren, um einen positiven (oder negativen) Effekt auf uns als Individuen zu haben.

Die Gründer von NLP untersuchten die besten und effektivsten Methoden, indem sie Therapeuten und Psychotherapeuten modellierten, von denen bekannt ist, dass sie auf ihrem Gebiet führend sind, und entwickelten eine umfangreiche Reihe von Werkzeugen und Techniken, mit denen sich leistungsstarke, schnelle und dauerhafte Veränderungen ermöglichen lassen.

Einfach ausgedrückt handelt es sich um eine Sammlung einer Vielzahl von Methoden und Modellen, die ein Verständnis des Denkprozesses und des Verhaltens sowie die Möglichkeit zur gewünschten Veränderung schaffen. Diese Methoden, Modelle und Werkzeuge stammen aus einem Prozess namens Modellierung, der die Grundvoraussetzung für NLP bleibt.

Das mag alles ein bisschen „wortreich" klingen, aber im Grunde geht es um den Prozess, der dahinter steckt, wie und was wir tun.

Die Popularität von NLP hat in den Bereichen Coaching und Therapie rapide zugenommen und es konzentriert sich darauf, wie wir Dinge tun und wie wir unsere Erfahrungen in unserem Geist speichern. Wenn wir verstehen, wie wir unsere Erfahrungen schaffen, können wir sie dann verbessern oder ändern, um positive Veränderungen herbeizuführen, und andere modellieren, die sich bereits in dem Bereich auszeichnen, den wir ändern möchten.

## Wie funktioniert es?

Modellierung, Aktion und effektive Kommunikation sind Schlüsselelemente der neurolinguistischen Programmierung. Der Glaube ist, dass, wenn eine Person verstehen kann, wie eine andere Person eine Aufgabe erfüllt, der Prozess kopiert und anderen mitgeteilt werden kann, damit auch sie die Aufgabe erfüllen können.

Befürworter der neurolinguistischen Programmierung schlagen vor, dass jeder eine persönliche Karte der Realität hat. Diejenigen, die NLP praktizieren, analysieren ihre eigenen und andere Perspektiven, um einen systematischen Überblick über eine Situation zu erhalten.

Durch das Verstehen einer Reihe von Perspektiven erhält der NLP-Benutzer Informationen. Befürworter dieser Denkschule glauben, dass die Sinne für die Verarbeitung verfügbarer Informationen von entscheidender Bedeutung sind und dass sich Körper und Geist gegenseitig beeinflussen. Die neurolinguistische Programmierung ist ein experimenteller Ansatz. Wenn eine Person eine Handlung verstehen möchte, muss sie dieselbe Handlung ausführen, um aus der Erfahrung zu lernen.
NLP-Praktiker glauben, dass es natürliche Hierarchien von Lernen, Kommunikation und Veränderung gibt. Die sechs logischen Ebenen der Änderung sind:

1. Zweck und Spiritualität: Dies kann die Beteiligung an etwas sein, das größer ist als man selbst, wie Religion, Ethik oder ein anderes System. Dies ist die höchste Änderungsstufe.

2. Identität: Identität ist die Person, als die Sie sich selbst wahrnehmen, und umfasst Ihre Verantwortung und die Rollen, die Sie im Leben spielen.

3. Überzeugungen und Werte: Dies sind Ihr persönliches Glaubenssystem und die Themen, die Ihnen wichtig sind.

4. Fähigkeiten und Fertigkeiten: Dies sind Ihre Fähigkeiten und was Sie tun können.

5. Verhalten: Verhalten sind die spezifischen Aktionen, die Sie ausführen.

6. Umgebung: Ihre Umgebung ist Ihr Kontext, einschließlich aller anderen Personen in Ihrer Umgebung. Dies ist die niedrigste Änderungsstufe.

Der Zweck jeder logischen Ebene besteht darin, die darunter liegenden Informationen zu organisieren und zu leiten. Infolgedessen kann eine Änderung auf einer niedrigeren Ebene zu Änderungen auf einer höheren Ebene führen. Eine Änderung auf einer höheren Ebene führt jedoch laut NLP-Theorie auch zu Änderungen auf den niedrigeren Ebenen.

Der Großteil unserer Gedanken und Verhaltensweisen kommt aus unserem Bewusstsein, das allgemein als Unbewusstes bekannt ist. Wir verwenden eine breite Palette von Methoden und Modellen, die mit dem bewussten und unbewussten Verstand zusammenarbeiten, um festzustellen, wie Ihre Gedanken, Verhaltensweisen, Werte und Überzeugungen Sie in Ihrer aktuellen Situation halten.

Wir können dann schnell alles ändern, was wir brauchen, um eine positive Veränderung in dem Leben herbeizuführen, das Selbstbewusstsein zu stärken, die Kommunikation zu verbessern und veraltete Verhaltensmuster zu ändern.

Obwohl NLP relativ kompliziert klingt, ist es praktisch, unterhaltsam und äußerst effektiv mit extrem schnellen Ergebnissen.

**Wie kann es mir helfen und funktioniert es?**
NLP hat eine Strategie und Technik, um bei fast allem zu helfen. Ob Sie Dinge haben, die Sie einschränken möchten, erfolgreicher sein wollen, wissen aber nicht wie, sich von schlechter Laune, Angst oder Phobien befreien, effektiver kommunizieren, Beziehungsprobleme lösen möchten und mehr. Man kann es auch in Verbindung mit anderen Therapien und Methoden benutzen, um die besten Ergebnisse zu erzielen, abhängig von der gewünschten Änderung. Eines ist sicher, es funktioniert, solange Sie bereit sind, die Änderung vorzunehmen.

**Was kann ich erwarten?**
NLP verfügt über eine Vielzahl von Techniken, die Spaß machen, interaktiv, aufschlussreich und effektiv sind. Sie werden Ihren Denkstil, Ihre Überzeugungen und Ihre eigenen Ressourcen identifizieren und vorteilhaftere Wege finden, um ein besseres Leben zu führen. Sie müssen aber 100% Engagement für die Veränderung haben, völlige Ehrlichkeit mit sich selbst und die Offenheit, mehr über sich selbst zu erfahren!

**Ist das für mich?**
Jeder hat unterschiedliche Überzeugungen und möchte unterschiedliche Dinge erreichen. Wir verstehen, dass NLP für manche Menschen ein

ziemlich neues Konzept sein kann und zunächst etwas rätselhaft klingen kann!

Die besten Ergebnisse kommen von einem offenen und neugierigen Geist, der gespannt ist, welche Erkenntnisse und Erkenntnisse er Ihnen bringen wird. Sie müssen aber aus Ihrer Komfortzone rauskommen, damit Sie Ihr gewünschtes Ergebnis erzielen.

## NLP - seine Verwendung

NLP ist so vielseitig und anpassungsfähig, dass es in vielen Kontexten, für viele Zwecke und bei vielen verschiedenen Personen nützlich sein kann. Von der Verbesserung Ihrer Führungsqualitäten oder der Führung eines Teams durch organisatorische Verantwortung bis hin zur Unterstützung eines Kindes bei der Rechtschreibung oder der Unterstützung eines Veteranen mit PTBS - für jeden ist etwas dabei.

Unabhängig davon, ob Sie NLP im täglichen Leben für sich selbst oder für andere am Arbeitsplatz verwenden, ist NLP von unschätzbarem Wert, um das Leben einzelner Menschen zu verbessern oder um Gruppen und Organisationen zu ermöglichen, effektiver und produktiver zu sein.

NLP klingt vielleicht nach einem unglaublichen Allheilmittel, besonders für die Skeptiker unter uns, aber bis Sie es selbst ausprobieren, werden Sie seine Vielseitigkeit vielleicht nicht zu schätzen wissen. Nennen Sie es Ihr persönliches Werkzeug, wenn Sie möchten - obwohl es noch mehr ist.

Es gibt keinen einheitlichen Ansatz. NLP bietet eine breite Palette von Werkzeugen, Techniken und Einstellungen, die so unterschiedlich sind wie die Personen, die davon profitieren. Es ist nützlich in Bereichen wie Bildung, Unternehmensführung, Coaching, Marketing, Vertrieb, Gesundheit, psychische Gesundheit, Sport, Kunst und in der persönlichen Entwicklung.

Dies ist keine umfassende Liste, aber NLP kann Ihnen - oder anderen - dabei helfen

- **Negative Emotionen wie Wut zu überwältigen**
- Mit Angstzuständen, Stress und Depressionen, einschließlich PTBS umzugehen
- **Eine Beziehung zu anderen Menschen aufzubauen und gute Beziehungen zu knüpfen**
- Gut zu kommunizieren, andere zu motivieren und zu inspirieren
- **Fantastische Präsentationsfähigkeiten zu entwickeln**
- Klare und überzeugende Ziele zu setzen - und diese zu erreichen

- **Alle einschränkende Überzeugungen und psychologische Hindernisse für Ihren Erfolg zu eliminieren**
- Persönliche oder berufliche Effizienz und Effektivität zu steigern
- Ängste und Phobien zu überwinden
- **Rechtschreibung zu bessern und Legasthenieprobleme aufzuheben**
- Rauchen aufzugeben, Gewicht zu verlieren und gesund zu Leben.

*Klingt zu gut um wahr zu sein?*

## Probleme mit lösungsorientiertem NLP überwinden

Durch **NLP-Coaching** lernen die Menschen, dass es eine Reihe von Möglichkeiten gibt, ihre aktuellen Herausforderungen zu meistern. Hören wir uns einige Fallstudien an.

## NLP-Fallstudien

### Laura war depressiv

Sie hatte viele Stressfaktoren in ihrem Leben - Arbeit, Gesundheit und familiäre Konflikte. Sie erhielt etwas Klarheit durch Entspannung, indem sie sich dem höheren Zweck ihrer Arbeit anschloss, und indem sie die Verwirrung über das Verständnis der Technik auf sich nahm, bekam sie eine bessere Perspektive, eine gewisse Distanz zum Chaos und war in der Lage, Aufgaben zu priorisieren, indem sie auf ihre Fähigkeiten zurückgriff.

## Maya wurde befördert, um ihr altes Team zu leiten

Maya fühlte sich ängstlich und unbehaglich, das Team zu führen und vor ihnen zu sprechen, zu dem sie früher gehörte. Nachdem sie die NLP-Verankerungstechnik gelernt hatte, fühlte sie sich sicher und in der Lage, in Teambesprechungen zu sprechen.

Einige weitere Techniken zur Distanzierung und Veränderung des negativen Selbstgesprächs sowie Wahrnehmungspositionen, um die Standpunkte anderer Menschen zu würdigen, ermöglichten es ihr, das Gefühl zu haben, dass sie die Rolle verdient und sich darin auszeichnen könnte. Die kleinen Änderungen, die sie vornahm, wirkten sich äußerst positiv auf ihr Selbstvertrauen, ihre Beziehung zu ihrem Team und die Produktivität insgesamt erheblich aus.

## Daniel litt unter fast ständiger Migräne

Daniel hatte mehrere Jahre lang unter lähmenden Kopfschmerzen gelitten, die ihn jeweils 4 Tage lang niederlegten. Er hatte alle möglichen klinischen Tests und Scans durchgeführt, um das Problem zu diagnostizieren und zu lösen. Es haben keine Drogen gewirkt. Innerhalb von 5 Minuten lernte er, die Submodalitäten der Kopfschmerzen zu ändern und sie weit weg zu schicken. Der Ausdruck von Erstaunen in seinem Gesicht war unglaublich! Seine ständige Migräne hatte ihn sofort verlassen und er hatte ein unschätzbares Werkzeug, um die Kontrolle über die Schmerzen zu übernehmen, falls sie jemals wieder auftraten.

**Die negative Beziehung zwischen Felix und seinem Chef**

Beide waren sehr frustriert, und die Atmosphäre war so schlecht, Felix überlegte, zu gehen. Felix erkannte, dass sein Chef und er unterschiedliche Kommunikationspräferenzen hatten, und mit einiger Flexibilität erkannte er, dass er seine Kommunikation anpassen konnte, um eine Beziehung zu seinem Chef aufzubauen.

Er erkannte auch, dass sein Chef gerne Übersichten über das Gesamtbild erhalten will, aber Felix war detailorientiert und wollte, dass sein Chef ihm viele spezifische Informationen gibt, und - er glaubte, es sei hilfreich, seinem Chef immer Schritt für Schritt Details zu dem zu liefern, was er getan hatte. Dies ärgerte seinen Chef und machte ihn ungeduldig - er wollte umfassende, kurze und prägnante Aktualisierungen.

Felix erkannte, dass sein Chef nicht schlecht war - er war einfach "anders" als er. Er lernte, sich auf das Gesamtbild zu konzentrieren, um seinem Chef einen Überblick über seine Arbeit zu geben, und entwickelte eine Möglichkeit, nützliche Fragen zu stellen, um die Informationen zu erhalten, die er für eine ordnungsgemäße Arbeit benötigte. Beide entwickelten ein besseres Verständnis für die Bedürfnisse des anderen, was zu einer positiveren und produktiveren Arbeitsbeziehung und einem glücklicheren Umfeld führte.

**Lily wollte abnehmen**

Sie heiratete und wollte für die Fotos und Videos schlank aussehen. Eine NLP Technik mit Submodalitätsänderung ermöglichte es ihr, ihre Sucht nach Chips zu bekämpfen! Einige Visualisierungs- und Zeitleistenarbeiten ermöglichten es ihr, ihre Ziele zu sehen, zu fühlen, wie es wäre, sie zu erreichen, und Maßnahmen zu planen, um ihr Zielgewicht zu erreichen.

Dies sind nur einige Beispiele. Millionen von Menschen haben die erstaunlichen Veränderungen und positiven Unterschiede erlebt, die NLP in ihrem Leben gemacht hat. Die Überwindung eines einzelnen Problems durch die Verwendung von NLP hat ein erstaunliches Wachstum ausgelöst, das es ihnen ermöglicht, zu gedeihen - und ihr eigenes Glück, ihre eigene Gesundheit und ihren eigenen Erfolg im Leben zu schaffen.

Mit so vielen nützlichen Anwendungen und nachgewiesenen Auswirkungen ist NLP wirklich ein transformierender Satz von Werkzeugen, Techniken und Einstellungen, um Ihre berufliche Arbeit und Ihr persönliches Leben zu verbessern. Unabhängig davon, ob Sie selbst Erfolg haben oder anderen helfen möchten, werden Sie feststellen, dass selbst ein wenig Wissen und Übung für Sie von unschätzbarem Wert sind.

Vorteile

Das Lernen, mit Ihrem Unterbewusstsein zu kommunizieren, kann Wunder bewirken. Hier sind drei Dinge, die Sie danach erwarten können:

## Für den allgemeinen Gebrauch

NLP-Training tut allen Wunder, die es praktizieren wollten. Es gibt Ihnen die Möglichkeit zu erkennen, dass es weder gut noch schlecht gibt. Mit NLP können Sie Ihre Gewohnheiten dahingehend weiterentwickeln und ändern, wie Sie es möchten. Es ist ein Werkzeug, das Ihnen bei Ihrer ganzheitlichen Entwicklung helfen kann.

*Kommunikation verbessern*
Mit NLP können Sie klar kommunizieren. Die Fähigkeit, nach anderen und sogar nach sich selbst zu greifen. Sie werden mehr über sich selbst lernen und in die Kenntnis Ihrer Essenz gelangen.

*Mehr Selbstvertrauen gewinnen*
NLP hilft Ihnen, sicherer zu sein. Es lehrt Sie, sich in jeder Situation mehr zu vertrauen.

*Reduziert Angstzustände und Depressionen*
Körper und Geist der Menschen haben die größte Verbindung. Ihr Geist kann Ihren Körper positiv oder negativ beeinflussen. Durch Schulungen wie NLP wird Ihre Komposition effektiv neu gestaltet. Auf diese Weise können Sie Ihre Angstzustände oder Depressionen reduzieren, wenn Sie sie nicht vollständig beseitigen.

*Das Beste aus Ihnen herausbringen*

Wie gesagt, mit NLP-Training können Sie sich ändern und weiterentwickeln. Wenn Sie bestimmte Verhaltensweisen beseitigen oder die beste Version von sich selbst sein möchten, kann NLP ein leistungsfähiges Instrument sein.

**Für die persönliche Entwicklung**

Es gibt so viele Möglichkeiten, wie NLP Ihr Leben verändern kann. Mit den Herausforderungen, die Sie annehmen werden, ob groß oder klein, wird es Sie formen, je nachdem, wie Sie es wählen. Hier sind drei Vorteile in Bezug auf den Aspekt der persönlichen Entwicklung.

*Persönliche Grenzen überwinden*

Persönliche Grenzen, z. B. die Einschränkung des Erwerbs einer Fähigkeit, nur weil Sie glauben, dass Sie dies nicht können. Es ist für die Menschen selbstverständlich, so zu glauben. Auf lange Sicht hilft es Ihnen jedoch in keiner Weise. Und damit fordert NLP die Menschen heraus, ihre Ziele zu erreichen.

*Steigern Sie das Vertrauen und das Bewusstsein anderer*

Das Verstehen und Lernen, jeden zu schätzen, ist eine weitere gute Möglichkeit, sich zu steigern. Wenn Sie verstehen, dass jeder unterschiedliche Perspektiven hat, reagieren die Menschen auf unterschiedliche Weise.

*Bringen Sie das Beste aus anderen Menschen heraus*

Mit NLP werden Sie sich nicht nur zum Besseren verändern, sondern auch die Menschen dazu ermutigen, dasselbe zu tun. Auf diese Weise werden Sie auch versuchen, Patienten und andere Menschen zu befähigen und das Beste aus ihnen herauszuholen.

**Für das Geschäft**

NLP kann auch für Sie und Ihr Unternehmen hilfreich sein. Das Geschäft unterscheidet sich nie vom Management von Menschen. Und mit den

Dingen, die Sie durch NLP-Techniken lernen, können Sie sie auf Ihr Unternehmen anwenden.

*Die Fähigkeit, eine Verbindung aufzubauen*
In der Wirtschaft ist die Fähigkeit, Menschen zu erreichen und eine Beziehung zu ihnen aufzubauen, wichtig, um sie besser zu verstehen. Diese Personen sind Ihre Kunden, Mitarbeiter und Lieferanten. Sie spielen eine grundlegende Rolle in Ihrem Unternehmen. Daher mussten Sie sie genauer kennen.

*Verbessern Sie das Personalmanagement*
NLP setzt Ihre Fähigkeit frei, Menschen zu verwalten. Der Umgang mit Menschen ist ein tiefgreifendes Thema. Es ist schwer, Menschen zu motivieren und zu führen. Es ist schwer, ihre Herzen zu berühren, weil es unkalkulierbar ist.

*Präsentationsfähigkeiten entwickeln*
NLP entwickelt nicht nur Ihre intrapersonalen Fähigkeiten. NLP verbessert auch Ihre Kommunikation und Ihren Umgang mit anderen Menschen. Wenn Sie der Meinung sind, dass Sie nicht öffentlich sprechen oder Ihre Idee nicht in einer Menschenmenge präsentieren können, denken Sie noch einmal darüber nach. Denn das NLP-Training wird Ihnen sicherlich dabei helfen, solche Fähigkeiten zu entwickeln.

*Leistung verbessern*
Sie können NLP auch anwenden, um Ihrem Team zu helfen, die gewünschte Leistung zu verbessern. Dies kann an der Arbeitseffizienz oder der Produktivität liegen.

Die Wahrheit über das Erlernen von NLP ist, dass es sowohl Zeit als auch Mühe erfordert. Wenn Sie also entschlossen sind, sich damit zu befassen, tun Sie dies mit aller Kraft. Konzentrieren Sie sich darauf, bis es zu Ihrer zweiten Natur wird. Auf diese Weise ernten Sie alle süßen Früchte Ihrer Arbeit und verändern Ihr Leben zum Besseren.

# Bewusstsein und Unterbewusstsein

NLP erkennt die Tatsache an, dass Menschen „zwei Köpfe“ haben - das Bewusstsein und das Unterbewusstsein. NLP lehrt den Einzelnen zu lernen, wie er sein Bewusstsein mit seinem Unterbewusstsein in Einklang bringt, damit die gewünschten Ergebnisse erzielt werden können.

Sobald die Ausrichtung erreicht ist, wird es einfacher, die gewünschte Art von Leben zu schaffen. Dies liegt daran, dass das Unterbewusstsein die Fähigkeit hat, die Gedanken, Gefühle und Handlungen eines Individuums signifikant zu beeinflussen. NLP hilft Menschen, ihr Unterbewusstsein zu verwalten und zu lenken.

### Unterschiede zwischen Bewusstsein und Unterbewusstsein

Es ist wichtig, die Unterschiede zwischen Unterbewusstsein und Bewusstsein zu unterscheiden.

Wenn Sie sich etwas sofort bewusst sind, dann ist das das Bewusstsein. Wenn Sie jedoch das Gefühl haben, dass ein Teil Ihres Geistes etwas von einer Bewusstseinsebene entfernt ist, dann ist dies die Aktivität des Unterbewusstseins.

Obwohl es überraschend erscheinen mag, betrifft die überwiegende Mehrheit der mentalen Verarbeitung des Gehirns das Unterbewusstsein. Im Allgemeinen ist bekannt, dass das Bewusstsein jeder Person eine maximale Kapazität von bis zu neun Informationsströmen hat.

Diese neun Informationsströme können vom Bewusstsein gleichzeitig verfolgt werden. Für die meisten von uns sind wir jedoch nur in der Lage, bis zu fünf oder sieben Informationsströme zu verfolgen. Andererseits kann das Unterbewusstsein ohne großen Aufwand Millionen von Daten pro Sekunde verfolgen.

In NLP definieren wir das Unbewusste als Repräsentation jener physiologischen und kognitiven Prozesse, die außerhalb des Bewusstseins auftreten. Physiologische Prozesse umfassen Atmung, hormonelle Reaktion usw. Einige Beispiele für unbewusste kognitive Prozesse umfassen Träumen, ideomotorische Reaktionen und erlernte unbewusste Kompetenzen wie Buchstabenerkennung, Worterkennung und Grammatikverarbeitung, die mit der Fähigkeit des Lesens verbunden sind. Ein Großteil unserer Wahrnehmungsverarbeitung ist unbewusst; Es gibt eine unglaubliche Menge an sensorischer Verarbeitung, die dem bewussten Bewusstsein vorausgeht.

**Lassen Sie Ihre beiden Köpfe in die gleiche Richtung arbeiten**

Die meisten von uns haben zwei Köpfe, die in unterschiedliche oder manchmal widersprüchliche Richtungen arbeiten. Zum Beispiel kann das Bewusstsein einer Person denken, dass sie innerhalb des Unternehmens, für das sie arbeitet, leicht befördert werden kann, während das Unterbewusstsein insgeheim glaubt, dass sie weder würdig sind noch über die Fähigkeiten oder Fertigkeiten verfügen, um eine Beförderung zu erreichen.

Obwohl das Bewusstsein glaubt, dass sie gefördert werden können, werden ihre Handlungen eher von ihrem Unterbewusstsein beeinflusst. Dies liegt daran, dass das, was auf unbewusster Ebene geschieht, Verhalten, Gefühle und Handlungen direkt beeinflussen kann.

Hier ist die Ausrichtung unseres Bewusstseins und Unterbewusstseins wichtig. Sobald beide in die gleiche Richtung gehen, sind die Chancen auf Spitzenleistungen und Erfolg viel höher. NLP hilft Ihrem Bewusstsein und Unterbewusstsein, zusammenzuarbeiten, um das zu erreichen, was Sie sich im Leben wünschen.

### Die Bedeutung der Verwendung von NLP für den Zugriff auf Ihr Bewusstsein und Unterbewusstsein

Das Unterbewusstsein hat die Fähigkeit, Informationen von und an das Bewusstsein weiterzugeben oder zurückzuhalten. Das Bewusstsein kann jedoch nur dann auf die Aktivität des Unterbewusstseins zugreifen, wenn dieses dies zulässt.

Aus diesem Grund gehört es zu den Zielen von NLP, diese Fähigkeit zu entwickeln, sowohl auf das Bewusstsein als auch auf das Unterbewusstsein zuzugreifen. Sobald dieses Level erreicht ist, arbeiten die beiden Köpfe in Harmonie und können ein bestimmtes Ziel erreichen, anstatt einen Kampf zu führen.

### Veränderung durch NLP schaffen

Mit dem Unbewussten können Vorkehrungen getroffen werden, um Verhaltens- und Zustandsänderungen (einschließlich unserer Emotionen) hervorzurufen. Dazu gehören Dinge wie das Überprüfen und Sortieren von Erfahrungsmustern, die verwendet werden können, um Schmerzen zu lindern, neue Fähigkeiten zu integrieren und neue Erkenntnisse zu entwickeln. Die in NLP entwickelten Verfahren zum Treffen dieser Vorkehrungen sind einige der befreiendsten Anwendungen, die bisher entwickelt wurden.

Persönliche Veränderung findet in einem bestimmten Kontext statt. Der Kontext ist, wann, wo, mit wem und unter welchen allgemeinen Bedingungen Sie ein Problem oder ein Ergebnis haben. Es ist der Kontext, in dem Verhalten auftritt, der dem Verhalten eine Bedeutung gibt.

Die Verwendung unserer bewussten Aufmerksamkeit zur Definition des Kontexts und der Parameter, in denen wir eine Änderung erwägen, ist ein Prozess, der als „Framing“ bezeichnet wird. Dies ist eine notwendige Voraussetzung, um das Unbewusste in den Zugang zu oder die Entwicklung von Ressourcen für Veränderungen einzubeziehen.

Das Unbewusste ist zu enorm komplexen und kreativen Handlungen fähig, wenn die richtige Gestaltung und der richtige Kontext festgelegt wurden und die Führung für das Unbewusste freigegeben wird. Diese Aussage gilt auch für die Kontexte persönlicher Veränderung und Leistung, die als komplexe und kreative Handlungen ausgelegt werden können.

**Mit dem Unbewussten arbeiten – die Basis vorbereiten**

Durch NLP werden zusätzliche Muster identifiziert, die bei Verhandlungen zwischen bewusstem und unbewusstem Verstand helfen können. Ein solches Muster ist die Anordnung eines formalen unwillkürlichen Signalsystems mit dem Unbewussten.

Unsere unbewusste Kommunikation gibt uns auf verschiedene Weise Signale. Für viele Menschen sind diese natürlich vorkommenden Signale als Intuition gerahmt, ein aus unserer Sicht loser Begriff. Manchmal kommuniziert das Unbewusste ein Muster oder lernt, damit unser Bewusstsein sich durch einen Traum darum kümmert. Ein Signal vom Unbewussten kann in Form eines Bildes, eines Tons, einer Empfindung oder sogar eines Geruchs oder Geschmacks vorliegen.

Die zuverlässigsten Signale von unserem Unbewussten sind unwillkürliche Reaktionen. Ein Gedanke kann einfach aus heiterem Himmel ins Bewusstsein geraten. Eine Person kann eine unwillkürliche Bewegung oder eine andere sensorische Reaktion haben. Eine Antwort, die Sie nicht bewusst replizieren können, unterstützt eine Integrität im System der bewussten / unbewussten Kommunikation. Wenn Ihre bewusste Aufmerksamkeit weiß, wann Sie ein Signal vom Unbewussten erhalten, kann es implizit die Kommunikation übernehmen.

Ein formales Signalsystem mit dem Unbewussten zu haben, ist nur ein Beispiel für ein Signalsystem. Wir haben bereits mehrere Signalsysteme mit dem Unbewussten. Ein Beispiel ist eine Klasse von Erfahrungen, die wir alle gemacht haben: zu wissen, dass etwas für uns „gut“ war, oder umgekehrt wussten wir nur, dass etwas definitiv „nicht gut“ für uns war. Diese Art von Signal, das oft irgendwo in der Mittellinie des Körpers zu spüren ist, wird in NLP als Kongruenzsignal bezeichnet. In einem Kontext mit einem vorgeschlagenen Ergebnis stimmen Sie entweder mit dem Ergebnis überein oder nicht. Wenn ein Vorschlag auf bewusster Ebene gut erscheint und klingt, Sie jedoch nicht übereinstimmen, schlagen wir vor, dass Ihr Unterbewusstsein Ihnen ein Signal gibt, um das Sie sich kümmern müssen.

Unsere Emotionen sind Kommunikationsformen des Unbewussten. Das Erforschen und Arbeiten mit der unbewussten Absicht für eine bestimmte emotionale Reaktion kann zur Entwicklung neuer Reaktionen für diesen Kontext führen.

Für manche Menschen kann es einen großen Unterschied machen, einfach zu lernen, ihre bewusste Aufmerksamkeit zu nutzen, um sensibel zu sein und auf die Kommunikation ihres Unbewussten zu reagieren. Dies ist der erste Schritt, um das Unbewusste dazu zu bewegen, eine hohe Leistung zu fördern, eine größere emotionale Auswahl zu entwickeln, das Lernen zu verbessern und andere Projekte, die Sie möglicherweise erstellen.

### Die Rollen des bewussten und unbewussten Verstandes

Das Unbewusste hat Zugang zu Repräsentationen von Erfahrungen, die oft außerhalb des Bewusstseins liegen, während das Unbewusste relativ unorganisiert ist. Das Bewusstsein ist hervorragend darin, Informationen zu organisieren, obwohl es im Vergleich zum Unbewussten schlecht ist, Ressourcen zu finden und darauf zuzugreifen.

Wenn wir mit dem Unbewussten arbeiten, um Veränderungen herbeizuführen und die Leistung zu verbessern, oder um Projekte in anderen Kontexten wie Geschäft, Lernen oder Familie vorzuschlagen, führen wir verschiedene Aufgaben mit dem Unbewussten aus. Die Rolle der Berücksichtigung des Kontexts, möglicher Ergebnisse und der Gestaltung wird dem Bewusstsein zugewiesen, während die Rolle der Identifizierung von Ressourcen zur Unterstützung des Ergebnisses dem Unbewussten zugewiesen wird.

**Das Bewusstsein auf die Arbeit mit dem Unbewussten vorbereiten**

Bevor wir mit dem Unbewussten arbeiten, betrachten wir zunächst sowohl den Kontext, in dem wir eine Veränderung wollen, als auch das Ergebnis und die Absichten, die wir haben, um Veränderung zu schaffen. Was ist das beabsichtigte Ergebnis, das wir dem Unbewussten vorschlagen wollen?

Was möchte ich für den betrachteten Kontext? Wie würde ich wissen, wenn ich dieses Ergebnis hätte? Was würde ich als Beweis für eine gewünschte Veränderung sehen, hören und fühlen? Wofür möchte ich diese Änderung? Was ist meine Absicht für diese Änderung? Wenn ich diese Änderung hätte, was wären die Konsequenzen für mein Leben?

Als nächstes ist es nützlich, eine Art Signalsystem mit dem Unbewussten arrangiert zu haben, eine unfreiwillige Antwort für Ja und eine andere unfreiwillige Antwort für Nein.

Jetzt sind wir bereit, dem Unbewussten einen Vorschlag zu machen. Fragen Sie in einem angenehmen, entspannten Zustand, nachdem Sie das vorbereitete Ergebnis und den Kontext, in dem dieses Ergebnis gewünscht wird, überprüft haben, einfach Ihr Unbewusstes: „Ist dieses vorgeschlagene Ergebnis für Sie, mein Unbewusstes, akzeptabel?“

Wenn Sie eine Ja-Antwort erhalten, laden Sie einfach den Prozess des Suchens und Sortierens ein, die zur Unterstützung des Ergebnisses in diesem Kontext eingesetzt werden sollen. Wenn Sie keine Antwort erhalten, danken Sie Ihrem Unbewussten und bitten Sie Ihr Unbewusstes, die Art des Einspruchs gegen dieses Ergebnis mitzuteilen und / oder der bewussten Aufmerksamkeit ein alternatives Ergebnis für diesen Kontext vorzuschlagen.

Dies ist der Beginn eines Dialogs zwischen bewussten und unbewussten Köpfen, in dem ein geeignetes Ergebnis ausgewählt, Ressourcen arrangiert und Verhandlungen geführt werden.

Dies ist der allgemeine Rahmen für die Zusammenarbeit mit dem Unbewussten, um Veränderung und Heilung zu bewirken. Innerhalb dieser spezifischen Anwendung von NLP gibt es viele Strategien und Verfeinerungen, die verwendet werden können, um die Kommunikation und die Entwicklung einer hervorragenden Beziehung zwischen bewusstem und unbewusstem Verstand zu erleichtern.

## Spezialisierung des Bewusstseins

Das Bewusstsein ist die digitale Seite des Denkens, was bedeutet, dass das Bewusstsein alles, was es verarbeitet, einem logischen Test unterzieht. Ist diese Aussage wahr? Oder ist es falsch? Ist das, was ich erlebe, logisch? Oder ist es irrational? Das Bewusstsein ist logisch gesteuert.

Wie wir gesagt haben, ist das Bewusstsein auch der Bereich des unmittelbaren Bewusstseins. Oder anders ausgedrückt: Wenn das Bewusstsein einen Reiz oder eine Eingabe nicht wahrnimmt, ist es so, als ob Stimulus oder Eingabe nicht existieren.

Darüber hinaus ist das Bewusstsein der Ort für die reflektierte Überprüfung dessen, was wir erleben (oder erlebt haben). Hier erkunden wir unsere Optionen und treffen überlegte Entscheidungen darüber, wie wir auf emotionale und sensorische Erfahrungen reagieren.

### Unbewusste Spezialisierung

Das Unbewusste urteilt dagegen nicht logisch, moralisch oder ethisch über die Objekte seines Denkens. Es überlässt diese Rolle dem Bewusstsein. In dieser Hinsicht ist das Unbewusste für den Durchsatz des Bewusstseins weitgehend unkritisch.

Wenn das Bewusstsein wiederholt sagt, dass eine bestimmte Sache wahr ist, beginnt das Unbewusste entsprechend zu handeln. Es wird seine Ressourcen aufbringen, um sich an den Urteilen des Bewusstseins auszurichten. Wenn das Bewusstsein regelmäßig sagt, dass alle schwarzen Hunde gefährlich sind, gibt das Unbewusste verbindlich eine Angstreaktion ab, die automatisch ausgelöst wird, wenn ein schwarzer Hund in Sicht kommt.

Tatsächlich "befreit" das Unbewusste das Bewusstsein. Das Unbewusste kümmert sich um die "Unordnung", die sonst schnelle Urteile und die Ausübung von Diskretion behindern würde. Um dies anders zu sehen, verwaltet das Unbewusste all die Dinge, die kein bewusstes Bewusstsein benötigen.

Während das Bewusstsein damit beschäftigt ist, über das Geschehen nachzudenken, reguliert das Unbewusste leise die Körpertemperatur, Atemrhythmen, Herzschläge und die Vielzahl anderer physiologischer Funktionen, die für das Überleben unerlässlich sind. Es überwacht und reagiert auch aufmerksam auf externe Ereignisse, die behandelt werden müssen, auch wenn sie im Moment möglicherweise keine bewusste Aufmerksamkeit erfordern.

Wenn Sie beispielsweise während eines Telefongesprächs mit jemandem, der verärgert ist, Notizen machen, konzentrieren sich all Ihre bewussten Energien möglicherweise darauf, was die andere Partei sagt und wie Sie Ihre Antwort gestalten können. In der Zwischenzeit machen Sie sich fast automatisch Notizen, weil das Unbewusste Ideen in Notationen auf der Seite übersetzt, ohne dass Sie bewusst über den Prozess nachdenken.

Nur weil wir unaufmerksam sind, was das Unbewusste tut, heißt das nicht, dass seine Aktivitäten von untergeordneter Bedeutung sind. Zu jedem Zeitpunkt reguliert das Unbewusste mehr von unserer Physiologie als das Bewusstsein. Infolgedessen ist das Unbewusste eine primäre

Determinante des Verhaltens. Die neurolinguistische Programmierung (NLP) verwendet diese externen Verhaltensmerkmale, um über die bewusste Aktivität hinaus auf die Prozesse zu schauen, die auf der unbewussten Ebene ablaufen.

**Ein Grund für den Erfolg von NLP**

Da sich das Bewusstsein typischerweise Aufgaben der Logik und Analyse widmet, ist es eng mit der Aktivität der linken Gehirnhälfte verbunden. Dies bedeutet nicht, die linke Gehirnhälfte und das Bewusstsein gleichzusetzen, als ob sie eins wären. Wir sagen lediglich, dass die linke Gehirnhälfte und das Bewusstsein eine gemeinsame Tendenz haben und daher eng zusammenarbeiten. Das Unbewusste hingegen verbindet sich mit der reichhaltigen Symbolverarbeitung der rechten Gehirnhälfte.

Da die meisten Menschen die linke Gehirnhälfte dominieren, bedeutet die Kommunikation mit dem Unbewussten häufig, dass die linke Gehirnhälfte "beiseite tritt", um einen direkten Dialog mit der rechten Gehirnhälfte zu ermöglichen.

Ein Grund, warum NLP so erfolgreich ist, ist, dass es Techniken entwickelt hat, die das Bewusstsein umgehen, um direkt mit dem Unbewussten zu arbeiten, das den größten Teil unseres Verhaltens steuert. Daher hat das Bewusstsein keine Möglichkeit, den Durchsatz zu "redaktionieren" und ihn zu verzerren oder abzulehnen.

# Selbstmotivation

Selbstmotivation ist ein Grund, etwas zu tun, ohne dazu aufgefordert zu werden und ohne Druck von anderen. Selbstmotivation ist dauerhafte Motivation. Es ist die einzige Motivation, die wirklich zum gewünschten Ergebnis führt. Es kommt von den eigenen Wünschen, dem Eifer und der Bereitschaft, dem Enthusiasmus oder dem Ehrgeiz usw. Ein motivierter Mensch hat das Gefühl, dass er will und nicht muss.

Sie müssen den starken Glauben haben, sich selbst zu motivieren, denn der Glaube ist ein großer Motivator. Es ist in der Tat die mächtigste Kraft der Welt. Wenn Sie fest davon überzeugt sind, dass Sie im Leben große Erfolge erzielen werden, sind Sie motiviert, in einer Weise zu denken und sich zu verhalten, die Ihrem Glauben entspricht, und Sie machen dies unweigerlich wahr.

Ebenso wird sich Ihr Glaube erfüllen, wenn Sie unerschütterlich an Ihr Glück glauben und dass Ihnen gute Dinge passieren. Wenn Sie glauben, für Ihre eigenen Handlungen und Verhaltensweisen verantwortlich zu sein, neigen Sie dazu, die Verantwortung zu übernehmen, nur positiv zu handeln und sich zu verhalten, was Ihr Leben erheblich verbessern wird.

Wenn Sie an sich glauben, haben Sie wahrscheinlich die Selbstmotivation, bei allem, was

Sie tun, erfolgreich zu sein. Je mehr Sie an sich glauben, desto hartnäckiger sind Sie. Ihre Beharrlichkeit ist Ausdruck des Niveaus Ihrer Selbstmotivation und Ihres starken Erfolgswillens. Es hilft sicherlich, die Gewohnheit zu pflegen, so zu handeln, als ob Sie Selbstvertrauen haben, was wiederum Ihr Selbstvertrauen stärkt. Wenn Sie Selbstvertrauen entwickelt haben, neigen Sie dazu, nicht an Versagen zu denken.

Die Freude an dem, was Sie tun, insbesondere an Ihrer Arbeit, ist selbst ein großer Motivator. Menschen, die Spaß an ihrer Arbeit haben, sind in der Regel sehr gut darin. Sie arbeiten nicht nur schneller, sondern sind auch viel schneller erfolgreich. Für manche Menschen ist die Freude an ihrer Arbeit eine Selbstverständlichkeit. Spaß ist der Schlüssel zur Selbstmotivation. Indem sie Spaß an dem haben, was sie tun, motivieren sie sich selbst.

Es ist nie einfach, signifikante Veränderungen in Ihrem Leben vorzunehmen, besonders wenn Sie sich schon ziemlich lange in Ihrer Komfortzone befinden. Es ist jedoch viel einfacher, wünschenswerte Änderungen herbeizuführen, wenn Sie die Selbstmotivation haben, die Änderungen vorzunehmen. Ihre Motivation stellt sicher, dass Sie jetzt beginnen und die Änderungen nicht verzögern. Die Belohnungen, die Sie für Ihre erfolgreichen Änderungen kennen, erhöhen Ihre Motivation enorm.

Motivierte Menschen sind positive Denker. Wenn Sie positiv denken, denken Sie nur das Beste in sich selbst und Sie wissen, dass Ihre Gedanken Sie zu dem machen, was Sie sind. Sie denken daher nur optimistisch und zuversichtlich, was wesentliche Voraussetzungen für den Erfolg sind. Indem Sie sicherstellen, dass nur positive und motivierende Gedanken in Ihren Geist gelangen, lassen Sie keinen Raum in Ihrem Geist für negative Gedanken, die dazu führen, dass Sie sich unglücklich und erfolglos fühlen.

Selbstmotivation ist ein Schlüssel zum Erfolg und zur Leistung im Leben. Es ist nie zu spät, Selbstmotivation in allen Bereichen Ihres Lebens zu entwickeln und anzuwenden, und die Zeit dafür ist jetzt gekommen. Je früher Sie es haben, desto eher können Sie tun oder haben, was Sie wollen.

**Motivation und Ziele**

Einige Leute scheinen Ziele basierend auf dem zu setzen, was andere tun. Wenn es also in Ihrer Umgebung wichtig ist, ein großes Haus mit einem Swimmingpool und einem Ferrari in der Garage zu haben, können Sie Jahrzehnte damit verbringen, diese Artikel mit dem damit verbundenen Lebensstil zu kaufen, und feststellen, dass Sie sich kurz nach dem Erwerb leer fühlen - weil für Sie in erster Linie wichtig war, die Werte eines anderen zu erfüllen.

Deshalb legen wir so viel Wert darauf, Übungen zu machen und Ihre eigenen Werte zu bestimmen. Denn wenn Sie regelmäßig auf Ihre Zielsetzung zurückblicken, werden Sie verstehen, was für Sie wirklich wichtig ist. - und was wir suchen, ist Kongruenz. Kommen wir also zur Sache, die Motivation und den Antrieb zu steigern.

### Listen Sie Blockaden und Hindernisse auf

Machen Sie zunächst eine Liste aller Blockaden und Hindernisse in Ihrem Leben. Was verlangsamt Sie, blockiert Sie und bringt Sie in diesen festgefahrenen Modus? Vielleicht fühlen Sie sich nicht gut mit Ihnen selbst? Vielleicht denken Sie, Sie haben es nicht verdient, erfolgreich zu sein? Oder besteht die Angst, was passieren könnte, wenn Sie ein erfolgreich werden?

Wenn Sie diese Blockaden ansprechen und beseitigen, werden Sie feststellen, dass Ihre Motivation und Ihr Antrieb zunehmen. Halten Sie jetzt an und erstellen Sie eine Liste aller Dinge, die Sie verlangsamen - der Dinge, die Sie blockieren - der negativen Gedanken, die Ihnen in den Sinn kommen - der Gründe, warum Sie nicht 100% motiviert sein können. Wenn Sie Ihre Notizen auf ein großes Stück Papier schreiben, können Sie sich Fragen zu jeder Blockade stellen und mithilfe von Fragen, Anweisungen und Befehlen in der Lage sein, Fortschritte zu erzielen.

## Kontrastreiche Analyse

Als nächstes wird eine kontrastive Analyse durchgeführt. Denken Sie also an etwas, für das Sie 100% Motivation haben. Denken Sie also an etwas, für das Sie sich voll und ganz engagieren. Es könnte so etwas wie Surfen, Snowboarden, Skateboarden sein. Etwas, das sich positiv auf Ihr Leben auswirkt. Denken Sie an ein bestimmtes Manöver oder eine bestimmte Aktion, zu der Sie absolut motiviert sind. Es gibt kein Zögern - Sie ergreifen einfach Maßnahmen und tun es.

Wir helfen Ihnen also dabei, die Submodalitätsunterschiede in den visuellen, auditorischen und kinästhetischen Repräsentationssystemen abzubilden. Überprüfen Sie zunächst die visuellen Submodalitäten. Vielleicht haben Sie ein Bild direkt vor Ihrem Gesicht - groß, hell, farbenfroh und bewegend.

Wenn Sie jedoch an die Aktivität denken, für die Sie nicht motiviert sind - das Bild ist möglicherweise ein Standbild, das unklar und weiter entfernt ist. Es gibt also einen Unterschied darin, wie Ihr Geist die beiden Dinge darstellt.

Nachdem Sie einen Check durchgeführt haben, um sicherzustellen, dass es in Ordnung ist, vollständig motiviert zu sein, um Ihr Ergebnis zu verfolgen, müssen Sie den Ort des nicht motivierten Bildes in den Ort des motivierten Bildes verschieben. Sie müssen auch das Gehör in den Ort, die Lautstärke, die Tonalität und das Tempo der total motivierten Sache verschieben. Es erfordert viel Übung, um dies richtig zu machen.

**NLP zweiteilige Aktualisierung**

Und um mehr Kongruenz zu erreichen, führen wir eine so genannte zweiteilige Umgestaltung durch. Lassen Sie uns erklären. Waren Sie jemals unsicher über einen Gedanken? Es ist, als ob Sie etwas tun möchten, aber Sie möchten es auch nicht tun. Es ist, als ob Sie Schokolade essen möchten, aber Sie möchten auch auf Ihre Gesundheit achten.

Das Dilemma der beiden Gedanken wird oft als ein erwachsener bewusster Teil Ihres Selbst gegenüber einem unbewussten Teil oder Gefühl ausgedrückt, das aus bewusstem Bewusstsein heraus zu handeln scheint. Es ist, als ob Sie wissen, dass Sie etwas tun möchten, aber es gibt ein Gefühl, das Sie daran hindert oder Sie dazu bringt, etwas anderes zu tun.

Was wir hier also tun, ist, beide Teile von Ihnen abzubilden - einen Teil in einer Hand und den anderen Teil in der anderen Hand. Dann sammeln wir Informationen über jeden Teil in Bezug auf visuelle, auditive und kinästhetische Repräsentationssysteme. Sie fragen sich also, was Sie sehen, wenn Sie sich das Teil in der linken Hand ansehen. Welche Bilder kommen mir in den Sinn? Dann fragen Sie, was die Worte oder Gedanken sind, die Ihnen in den Sinn kommen. Stellen Sie sicher, dass Sie es aufschreiben. Dann fragen Sie, wie sich dieser Teil anfühlt? Fragen Sie dann, was dieser Teil erreichen möchte oder was für diesen Teil wichtig ist oder warum das so ist. Sie möchten eine Hierarchie von Werten erhalten, indem Sie Fragen stellen wie: Wenn Sie diesen Wert erhalten, was können Sie dann haben und erleben? Oder was ist Ihnen an diesem Teil wichtig? Oder was bedeutet dieser Teil für Sie? Sie führen eine zentrale Ergebniskette aus, um die Treiberwerte abzurufen.

Ordnen Sie beide Teile zu. Was Sie entdecken sollten, ist, dass beide Teile den gleichen höchsten Wert für Sie wünschen. Laden Sie dann jeden Teil ein, die positive Absicht des anderen Teils anzuerkennen. Laden Sie jeden Teil ein, sich mit dem anderen Teil zusammenzutun - und bündeln Sie dabei seine Ressourcen. Wenn die Teile übereinstimmen, um miteinander zu arbeiten, sollten Sie feststellen, dass die Hände auf natürliche Weise zusammenkommen und Sie eine Vereinigung und ein neues Superteil erhalten, das vollständig in den Körper integriert ist. Und damit gewinnen Sie mehr Kongruenz - Motivation und Antrieb.

**Mit NLP motiviert werden**

Haben Sie Schwierigkeiten, sich selbst zu motivieren?

Auch wenn Sie wissen, dass Sie es tun sollten?

Ein bisschen blöd, oder?

Nun, das muss nicht so sein, denn wir werden herausfinden, was Motivation ist, und sie besser in den Griff bekommen.

Unser Ziel ist es, Ihnen einen grundlegend anderen Blickwinkel auf die Motivation zu geben.

Zunächst können wir Motivation als Erfahrung bezeichnen.

Und die meisten von uns haben wahrscheinlich eine Erfahrung gemacht, in der wir uns besonders motiviert fühlten, etwas zu tun, auch wenn wir nicht erklären konnten, warum.

Laut NLP gibt es zwei primäre Motivationsverzerrungen für Menschen: Richtung-Motivation und Abwärts der Motivation.

Motivierte Menschen orientieren sich natürlich an dem, was sie wollen, und sie bewegen sich bewusst und / oder unbewusst darauf zu.

Die zweite Gruppe sind diejenigen, die inspiriert sind, sich von den Dingen zu entfernen, die sie nicht wollen.

Dies kann eine nützliche Methode sein, um die Idee der Motivation zu betrachten. Wir werden jedoch in diesem Kapitel viel tiefer gehen.

Zunächst möchten wir, dass Sie an eine Zeit denken, in der Sie sich besonders motiviert fühlten, etwas zu tun.

Es kann alles sein.

Wir werden dies als Referenz verwenden.

Wenn Sie an diese Zeit denken, in der Sie sich besonders motiviert fühlten, etwas zu tun, möchten wir, dass Sie die visuellen Darstellungen beachten.

**Stellen Sie sich folgende Fragen:**

Ist es in Farbe oder Schwarzweiß?
**Wo sind Sie**? Standpunkt der ersten oder dritten Person?
Ist das Bild in einem Rahmen enthalten oder ist es ein Panorama?
Ist es ein Standbild oder ein Bewegtbild?
Ist das Bild in Ihrer Nähe oder weit weg?
Ist das Bild vor Ihnen? An Ihrer Seite? Hinter Ihnen?

Wie hell ist das Bild?
Ist es fokussiert? Verschwommen?
Nachdem Sie eine klare Vorstellung davon haben, wie Sie das Bild visuell darstellen, möchten wir, dass Sie Ihre Physiologie innerhalb des Bildes notieren.

**Stellen Sie sich folgende Fragen:**

**Wie ist Ihre Haltung?** Gerade hoch? Verkrümmt?
**Wie geht es Ihren Muskeln?** Entspannt? Steif?
**Wohin ist Ihr Blick gerichtet?** Augenhöhe? Über Augenhöhe? Unter Augenhöhe?
**Wie atmen Sie?** Schnell oder langsam? Flach oder tief?
**Wie ist Ihre Energie?** Hoch? Niedrig?
Haben Sie den Drang, sich in eine bestimmte Richtung zu bewegen?

Jetzt sollten Sie zwei vollständige Listen haben, die Ihre visuellen Darstellungen und Ihre Physiologie für ein motivierendes Ereignis angeben.

Als nächstes möchten wir, dass Sie eine Erfahrung finden, bei der Sie überhaupt keine Motivation hatten, das zu tun.

Sobald Sie eine gefunden haben, möchten wir, dass Sie dieselben Fragen wie für die motivierende Erfahrung durchgehen.

Bis Sie fertig sind, sollten Sie zwei separate Listen haben: eine für die Darstellung einer motivierenden Erfahrung und eine für die Darstellung einer nicht motivierenden Erfahrung.

Wir möchten, dass Sie die Ähnlichkeiten und Unterschiede zwischen den einzelnen beachten.

Sie könnten denken, dass wir nur die Darstellungen für die unmotivierende Erfahrung so ändern müssen, dass sie mit der motivierenden Erfahrung identisch sind.

Und dann werden wir motiviert sein, das zu tun, oder?

Wenn es nur so einfach wäre.

Um die Motivation wirklich zu verstehen, müssen wir uns auf einer viel tieferen Ebene vertiefen und verstehen.

Das Wort "Motivation" ist selbst ein Substantiv und per Definition sprechen wir darüber, als ob es ein "Ding" ist, das in der realen Welt existiert.

Dies ist besser als "Nominalisierung" bekannt.

Eine Nominalisierung ist ein Prozess oder eine Qualität, die „in der Zeit eingefroren" ist und über die gesprochen wird, als wäre es ein „Ding".

Sobald wir die Motivation de-nominalisiert haben, können wir beginnen, sie als dynamisches System und nicht als statische Einheit zu betrachten.

Warum ein System?

Wenn Sie die Definition des Systems nachschlagen, heißt es: „Eine zusammenhängende

Gruppe von Elementen, die kohärent so organisiert sind, dass etwas erreicht wird".

Im Falle der Motivation gibt es sowohl interne als auch externe Faktoren, die dafür verantwortlich sind, wie motiviert wir sind, eine bestimmte Aufgabe oder ein bestimmtes Ergebnis zu erreichen.

Beide Faktoren beeinflussen unseren physiologischen Zustand und unser Zustand beeinflusst, welche Verhaltensweisen wir zeigen werden.

Wenn Sie alles zusammenfassen, kommen wir zu dem Schluss, dass Motivation der Zustand ist, der sich aus der Kongruenz und / oder Ausrichtung zwischen den internen und externen Systemen bei der Verfolgung eines bestimmten Gegenstands ergibt. "

Mit anderen Worten, je größer die Übereinstimmung zwischen unseren internen und externen Systemen ist, desto motivierter werden wir sein.

Das Gegenteil ist auch der Fall. Je weniger Übereinstimmung zwischen unseren internen und externen Systemen besteht, desto weniger motiviert werden wir sein.

Wenn Ihnen die Motivation fehlt, eine bestimmte Sache zu tun, kann es sein, dass das, was Sie in Betracht ziehen, nicht für Sie geeignet ist.

Um die Dinge praktischer zu gestalten, möchten wir Ihnen einen nützlichen Rahmen geben, mit dem Sie herausfinden können, ob das, was Sie tun möchten, mit Ihrer Person übereinstimmt oder nicht.

Es gibt 4 Fragen, die Sie sich stellen müssen:

1. **Stimmt diese Aufgabe oder Aktivität mit Ihrem Gefühl überein, wer Sie sind? (Identität)**

2. Stimmt diese Aufgabe oder Aktivität mit Ihren Werten überein?

3. **Stimmt diese Aufgabe oder Aktivität mit Ihren Überzeugungen überein?**

4. Ist diese Aufgabe oder Aktivität ökologisch?

Wir werden jeden Punkt einzeln durchgehen.

### Identität

Nehmen Sie ein Blatt Papier heraus und teilen Sie es in zwei Teile.

Schreiben Sie auf der linken Seite ICH BIN… und listen Sie alle Ihre Identitätsattribute auf.

Listen Sie auf der rechten Seite alle Identitätsattribute auf, die Ihrer Aufgabe oder Aktivität zugeordnet sind.

Wenn Sie beispielsweise ein erfolgreicher Unternehmer werden möchten, schreiben Sie „Erfolgreiche Unternehmer sind…“ und listen alle Identitätsattribute auf, um ein erfolgreicher Unternehmer zu sein.

Vergleichen Sie anschließend die beiden Listen und prüfen Sie, ob es zu Konflikten kommt.

Gehen Sie zur Liste auf der rechten Seite und gehen Sie jede Identität durch, stellen Sie sich auf Ihren Körper ein und fragen Sie sich: "Bin das wirklich ich?"

Wenn die Identität nicht zu Ihnen passt, fragen Sie sich: "Ist es etwas, womit ich mich mit Zeit, Unterstützung und Erfahrung, wohlfühlen werde? "

Wenn die Antwort immer noch Nein lautet, fragen Sie sich: „Bin ich mir so sicher, wie ich ursprünglich gedacht hatte, dass diese Qualität für die jeweilige Aufgabe erforderlich ist? „Gibt es Menschen, die diese Aufgabe erfüllt haben und diese Eigenschaften nicht haben?“

Wenn ein bestimmtes Identitätsattribut erforderlich ist und Sie es nicht werden möchten, ist es nur sinnvoll, dass Ihnen die erforderliche Motivation fehlt, um die Sache zu tun.

**Werte**

Ein Wert ist alles, was für eine Person wichtig ist, die über ihre Handlungen informiert.

Werte werden normalerweise als Nominalisierung ausgedrückt.

Nehmen Sie für diese Übung ein weiteres Blatt Papier heraus und erstellen Sie eine Liste aller Ihrer Werte.

Wählen Sie aus dieser Liste die 3 wichtigsten aus.

Stellen Sie sich für jeden Wert die folgenden 2 Fragen:

Erfordert diese Aufgabe oder dieser Prozess, dass ich diesen Wert verletze oder ihm widerspreche?

Wird mich die Verfolgung dieser Aufgabe oder dieses Prozesses daran hindern, diesen Wert in einem anderen Teil meines Lebens zu würdigen?

Beantworten Sie diese Fragen logisch.

Wenn Sie einen Wertekonflikt feststellen, überprüfen Sie, ob Ihre Informationen korrekt sind.

Es kann sein, dass der Wert, mit dem Sie zu kämpfen haben, überhaupt nicht involviert ist.

Wenn Ihre Informationen korrekt sind, prüfen Sie, ob die Aufgabe neu gestaltet werden kann, um sie besser an Ihren Werten auszurichten.

Wenn dies auch nicht möglich ist, wissen Sie, warum Sie nicht motiviert sind, die Aufgabe oder den Prozess auszuführen.

**Überzeugungen**

Überzeugungen sind Ideen, die wir zweifellos als wahr akzeptieren.

Unsere Überzeugungen haben einen tiefgreifenden Einfluss darauf, wozu wir uns motiviert oder unmotiviert fühlen.

Wenn es um Motivation geht, gibt es drei Arten von Überzeugungen, die für uns nützlich sind:

1. **Überzeugungen über die Möglichkeit,**
2. **Überzeugungen über die Zulässigkeit und**
3. **Überzeugungen über die persönliche Wirksamkeit.**

Warum diese **3 Typen**?

Bedenken Sie:

Wie motiviert wären Sie, wenn Sie das Gefühl hätten, dass das, was Sie tun, einfach unmöglich ist?

Wie motiviert würden Sie sich fühlen, wenn Sie ein vages und intuitives Gefühl hätten, dass das, was Sie tun, gegen eine nicht dargelegte Regel oder ein Gesetz verstoßen würde?

Wie motiviert wären Sie, wenn Sie das Gefühl hätten, keinen Unterschied machen zu können?

In allen drei Fällen wären Sie wahrscheinlich nicht sehr motiviert. Selbst wenn Sie versucht haben,

Ihren Weg in die Sache zu finden, werden Sie nur so weit gehen, bevor Ihnen die Willenskraft ausgeht.

Wir werden jede Art von Glauben einzeln angreifen.

Nehmen Sie für den ersten Teil ein Blatt Papier heraus und überlegen Sie sich eine Liste der Dinge, die es ermöglichen würden, die Aufgabe abzuschließen.

Nachdem Sie fertig sind, bewerten Sie jeden Glauben auf einer Skala von 1 bis 10, wie sehr Sie daran glauben.

Wenn Ihre Punktzahlen relativ niedrig sind, können Sie daraus schließen, dass ein Teil Ihrer mangelnden Motivation darauf zurückzuführen ist, dass Sie nicht glauben, dass es möglich ist, die Aufgabe oder den Prozess zu erledigen.

Fragen Sie sich im zweiten Teil: „Was muss geschehen, damit diese Aufgabe oder dieser Prozess effektiv verfolgt und entfaltet werden kann?“

Nachdem Sie Ihre Liste erstellt haben, gehen Sie jeden Punkt durch und fragen Sie sich: "Ist dies meiner Meinung nach akzeptabel und zulässig?"

Nehmen Sie für den letzten Teil ein sauberes Blatt Papier heraus und beginnen Sie mit der folgenden Eingabeaufforderung: „Um diese Aufgabe effektiv ausführen zu können, muss ich persönlich in der Lage sein…“

Von dort aus können Sie eine Liste aller Dinge erstellen, die Sie tun müssen.

Nachdem Sie Ihre Liste erstellt haben, gehen Sie sie durch und prüfen Sie, ob es wahrgenommene Anforderungen gibt, die Sie Ihrer Meinung nach nicht erfüllen können.

Wenn ja, stellen Sie sich folgende Fragen:

Sind Sie wirklich sicher, dass Sie es nicht können? Oder sind Sie nicht genug diszipliniert?

Ist diese Fähigkeit wirklich erforderlich?

Können Sie diese Fähigkeit lernen? Oder mit Unterstützung anfangen?

Haben Sie in der Vergangenheit etwas Ähnliches getan?

Wenn Sie dies definitiv nicht können, kann dies jemand für Sie tun?

**Ökologie**

In NLP definieren wir Ökologie als das Studium der Konsequenzen.

Wenn Sie ein oder mehrere Elemente innerhalb eines Systems ändern, ist es sehr wahrscheinlich, dass sich Änderungen auf andere Teile des Systems auswirken.

Manchmal ist diese Veränderung zum Besseren. In anderen Fällen schadet diese Änderung mehr als sie nützt.

Wenn Sie alle anderen Möglichkeiten ausgeschöpft haben, kann es hilfreich sein, die ökologischen Konsequenzen Ihrer Aufgabe oder Ihres Ergebnisses zu untersuchen.

Dazu möchten wir, dass Sie eine mentale Reise in die Zukunft unternehmen, in der Sie Ihre Aufgabe, Ihren Prozess oder Ihr gewünschtes Ergebnis weiter verfolgen.

Beachten Sie von dort aus, was sich durch die Verfolgung dieses bestimmten Weges geändert hat.

Hier sind einige Bereiche, auf die Sie achten sollten:

- **Spaß / Erholung - Haben Sie genauso viel Spaß wie vorher oder weniger?**
- Selbstachtung - Fühlen Sie sich besser oder schlechter?
- **Energie - Haben Sie mehr oder weniger Energie?**
- Familie - Haben sich Ihre familiären Beziehungen verbessert oder verschlechtert?
- **Leben - Ist Ihre allgemeine Lebensqualität besser oder schlechter?**
- Arbeit / Karriere - Sind die Dinge mit Ihrer Arbeit besser oder schlechter?
- **Sicherheit - Fühlen Sie sich sicherer oder weniger sicher?**

- Gesundheit & Wohlbefinden - Wie ist Ihre körperliche Gesundheit?
- **Vermögen & Finanzen - Hat Ihr Vermögen zugenommen oder abgenommen?**
- Persönliches Wachstum und Entwicklung - Wachsen Sie als Person oder schrumpfen Sie?
- **Beziehungen - Wie sind Ihre Beziehungen zu Menschen?**
- Spiritualität - Wie ist Ihre spirituelle Verbindung?

Diese Liste erhebt keinen Anspruch auf Vollständigkeit, ist jedoch für die meisten Menschen wahrscheinlich der wichtigste Lebensbereich.

Wenn einer oder mehrere dieser Aspekte negativ beeinflusst werden, können Sie sicher sein, dass dies zu Ihrer mangelnden Motivation beiträgt.

Zusammenfassend ist Motivation ein komplexes Phänomen, das sich aus internen und externen Systemen zusammensetzt.

Wir haben diese Systeme als Identität, Werte, Überzeugungen und Ökologie identifiziert.

Wenn eines oder mehrere dieser Systeme nicht mit unserer gewählten Aufgabe oder unserem gewählten Prozess übereinstimmen, besteht eine größere Wahrscheinlichkeit, dass wir uns nicht dazu motiviert fühlen.

## Emotionskontrolle mit NLP

Eine Emotion ist eine Reaktion auf ein wahrgenommenes Ereignis. Emotionen sind von Natur aus eine sekundäre Reaktion.

Emotionen sind sehr persönlich in Bezug auf das, was die Emotionen und die Reaktion selbst auslöst.

Unsere emotionalen Reaktionen haben sehr wenig mit anderen zu tun.

Je weniger Sie jetzt eine bestimmte Emotion erleben, desto weniger wahrscheinlich ist es, dass Sie sie in Zukunft erleben.

Es gibt keine "negativen" Emotionen. Es gibt nur Fixierungen und Anwendungen von Energie.

Und es liegt an uns zu entscheiden, wie wir diese Energie nutzen.

Das Lernen, wie man seine Emotionen kontrolliert, beginnt mit der Erkenntnis, dass man ein ganzes und vollständiges Wesen ist.

Manchmal neigen wir dazu, uns als Gehirn mit einem Körper zu betrachten.

Tatsächlich sind wir mehr als das. Wir sind eine verkörperte Erfahrung.

Aus dieser Perspektive können wir lernen, mit den Erlebnissen zu interagieren und mit ihnen zu spielen.

Alles ist in ständigem Fluss und wir müssen lernen, damit zu fließen.

Eines der Ziele beim Lernen, wie Sie Ihre Emotionen kontrollieren können, besteht darin, die Reaktion vom Ereignis zu trennen.

Von dort aus können wir dem Gehirn beibringen, dass andere Möglichkeiten zur Verfügung stehen.

Wir möchten, dass Sie an eine Zeit denken, in der Sie sich gezwungen fühlten, eine bestimmte Emotion zu haben. Stellen Sie sich nun vor, wie es wäre, wenn Sie diese Verpflichtung nicht hätten.

Es ist nicht so schwer, wie Sie vielleicht denken, um an diesen Punkt zu gelangen, aber es erfordert konsequente Anstrengungen.

## So finden Sie Ihre emotionale Basislinie

Jeder hat eine emotionale „Grundlinie“, von der aus er operiert.

Ihre Grundlinie ist Ihre allgemeine Stimmung.

Es ist vorzuziehen, eine höhere Basislinie zu haben, wenn Sie eine viel positivere Lebenseinstellung haben.

Sie sind auch weniger von negativen Ereignissen betroffen.

Um Ihre Basislinie zu finden, überprüfen Sie zunächst Ihren emotionalen Sollwert den ganzen Tag über zu zufälligen Zeiten.

Achten Sie bei der Überprüfung Ihres emotionalen Sollwerts darauf, was in Ihrem Geist und Körper vor sich geht.

Machen Sie sich keine Sorgen über den Inhalt. Achten Sie auf die Submodalitäten.

Hier ist eine Liste der Dinge, die Sie beachten sollten:

- **Die Gefühle in meinem Körper sind ...**
- **Was ist in meinem Kopf los?**

Sobald Sie ungefähr **20** bis **30** Daten gesammelt haben, sollten Sie beginnen, einen Trend Ihrer allgemeinen Stimmung zu erkennen.

Sie müssen auch erkennen, dass Sie die einzige Person sind, die es so macht. Niemand außer Ihnen kann Ihre emotionale Grundlinie kontrollieren.

Stellen Sie sich die folgenden Fragen für eine tiefere Selbstbeobachtung:

- **Wie ist das Muster?**
- **Auf welche Gefühle und Gedanken komme ich immer wieder zurück?**
- **Reflektieren diese die Gedanken und Emotionen, die ich haben möchte?**

## So erhöhen Sie Ihre emotionale Basislinie

Eine der einfachsten (und effektivsten) Möglichkeiten, um Ihre emotionale Grundlinie zu erhöhen, ist die Implementierung des 5% - Prinzips.

Diese Technik ist eine NLP-Technik und wir möchten sie an Sie weitergeben.

Die Idee ist, dass Sie Energie in jede Situation bringen möchten, in die Sie verwickelt sind.

Wenn Sie beispielsweise einige Besorgungen erledigen müssen, gehen Sie 5% schneller als normalerweise.

Wenn Sie mit jemandem sprechen, erhöhen Sie Ihren Ton um 5% höher als normalerweise.

Wenn Sie in einer Beziehung sind und Ihren Lebensgefährten küssen, seien Sie 5% leidenschaftlicher als normalerweise.

Fordern Sie sich für die nächsten 90 Tage heraus, das 5% -Prinzip anzuwenden und zu beobachten, was passiert.

## Wie man eine größere emotionale Flexibilität kultiviert

Um die Kontrolle über Emotionen zu verbessern, müssen wir als erstes unser Spektrum an emotionaler Flexibilität erweitern.

Dadurch werden wir uns nie wieder schlecht fühlen müssen.

Hier einige Ideen zur Steigerung Ihrer emotionalen Flexibilität:

- **Nehmen Sie an einem Improvisations -Kurs teil.**

- **Nehmen Sie an einem ungewöhnlichen Kurs teil**

- **Sehen Sie sich Filme an, die Sie noch nie geschaut haben!**
- **Probieren Sie etwas aus, das Sie noch nie probiert haben!**
- **Schaffen Sie absichtlich bewusste Momente des Genusses (Tun Sie dies für sich selbst und für andere Menschen!)**

## Wie man mit anderen Menschen umgeht

Denken Sie daran, dass Menschen Sie nicht zwingen können, sich auf eine bestimmte Weise zu fühlen.

Sie interagieren beispielsweise mit jemandem und dieser sagt möglicherweise etwas, das Sie reizt.

Tatsächlich könnte es Sie ein bisschen geärgert haben.

Auch wenn Sie logisch verbinden können, was sie gesagt oder getan haben, wie Sie sich fühlen, ist die Tatsache, dass Sie die Person sind, die die Kontrolle darüber hat, wie Sie sich fühlen.

Sie können sich so gut oder so schlecht fühlen, wie Sie wollen, unabhängig davon, was jemand sagt oder denkt.

Wenn wir so tun, als ob andere Menschen uns dazu bringen könnten, Dinge zu tun, wird unser

Körper die entsprechenden Gefühle für die jeweilige Situation erzeugen.
Es ist gut zu bedenken, dass es genauso einfach ist, sich gut zu fühlen, wenn Sie das Gefühl haben, dass jemand Sie schlecht fühlen lässt. Es hängt alles davon ab, wohin Sie Ihre Bemühungen lenken möchten.

Sie befinden sich möglicherweise in einer Situation, in der Sie Recht haben und die Person völlig im Unrecht ist.

Zum Beispiel könnten Sie fahren, und aus dem Nichts beschließt jemand, Ihren Weg abzuschneiden.

Sie treten sofort auf die Bremse und vermeiden einen Unfall.

Die meisten Menschen würden wütend werden, wenn eine solche Situation eintreten würde, aber dies wird uns nicht helfen, die Kontrolle über unsere Emotionen zu erlangen.

Um Änderungen im System zu bewirken, müssen Sie 100% ige Verantwortung für alles übernehmen, was passiert. Ohne die volle Verantwortung zu übernehmen, können Sie nichts tun, um das zu ändern, was um Sie herum vor sich geht.

Wir müssen zuerst unseren Teil dazu beitragen, wenn das Universum seinen Teil dazu beitragen soll.

Wenn jemand alles daran setzt, dass Sie sich schlecht fühlen, geben Sie ihm nicht die Befriedigung!
Tun Sie stattdessen das genaue Gegenteil und entspannen Sie sich und genießen Sie die Erfahrung.

In den meisten Fällen muss die andere Person ihren Zustand ändern, wenn Sie mit jemandem in einem hoch aufgeladenen Zustand zu tun haben und ruhig bleiben.

Sobald Sie anfangen, sich auf ihre Wut einzulassen, werden Sie in eine negative Spirale geraten, in der niemand gewinnt und jeder verliert.

Egal was passiert, denken Sie daran, dass die meisten Menschen mehr um sich selbst besorgt sind als um Sie.

Tatsächlich geht es bei den meisten Dingen auf der Welt nicht um Sie.

Es gibt nur sehr wenige Menschen auf der Welt, die sich alle Mühe geben, anderen Elend und Leid zu bringen.

## Umgang mit Problemen, Situationen, Herausforderungen

Irgendwann werden wir ein herausforderndes Problem oder eine herausfordernde Situation erleben.

Es scheint, dass Probleme immer auftauchen werden, daher wäre es in unserem besten Interesse, zu lernen, wie man mit ihnen umgeht.

Wenn Sie sich mit einem Problem befassen, denken Sie zunächst daran, es auf die sensorische Ebene zu bringen.

Beschreiben Sie das Problem nur mit sensorischen Modalitäten wie visuell, akustisch, kinästhetisch usw.

Von dort aus wird das Problem viel konkreter und Sie können es objektiv behandeln.

Überprüfen Sie, nachdem Sie das Problem umrissen haben, ob zwischen dem Problem und dem gewünschten Ergebnis oder Status ein Missverhältnis besteht.

Wenn dies der Fall ist, zeigt dies an, dass etwas kaputt ist, und es bietet die Möglichkeit, das Problem zu beheben.

Es ist auch eine gute Idee, eine Praxis zu entwickeln, bei der Sie bewusst und absichtlich überschüssige Spannungen aus dem Körper entfernen.

Der Körper baut auf natürliche Weise Spannungen auf, wenn wir versuchen, uns an das anzupassen, was in der Umgebung vor sich geht, sowie an die Gedanken, die wir denken.

Wenn Ihr Körper entspannter ist, ist es viel einfacher, die Kontrolle über Ihre Emotionen zu behalten.

Schließlich ist anzumerken, dass die meisten Dinge keine unmittelbare Bedrohung für unsere Gesundheit und unser Wohlbefinden darstellen.

Eine Menge unnötigen Stress entsteht durch die Erwartung, dass etwas Schlimmes passieren könnte.

Selbst wenn das Schlimmste passiert, müssen Sie wissen und glauben, dass es Ihnen gut geht!

Sie haben immer die Wahl, zu planen, zu handeln und sich auf eine bessere Situation hinzuarbeiten.

## Wie man mit gewohnten Antworten umgeht

Manchmal erwischen wir uns, wie wir auf eine Situation reagieren, bevor wir überhaupt bewusst über unsere Antworten nachdenken können.

Zum Beispiel, ein Mann bemerkte, dass seine Frau jedes Mal, wenn er vom Reisen nach Hause kam, einen bestimmten Ausdruck auf ihrem Gesicht hatte, der unter seine Haut ging.

Wann immer er diesen Blick sah, ließ er sofort seine Taschen fallen und sagte „WAS!?“.

Seine Frau antwortete mit etwas wie: "Warum kommst du immer schlecht gelaunt zurück?"

Wenn Sie sich an gewohnte Antworten wenden, gibt es einen einfachen 4-Stufen-Prozess, dem Sie folgen können, um ihn zu brechen:

- **Finden Sie das Muster**
- **Zerlegen Sie es in seine einfachsten Komponenten**
- **Finden Sie die am wenigsten variablen Teile des Musters**
- **Ändern Sie die am wenigsten variablen Teile.**

Wenn Sie die am wenigsten variablen Teile des Musters ändern, verschiebt sich normalerweise die gesamte Dynamik.

## Wie man mit negativen Gedanken umgeht

Sie hatten jemals einen Gedanken, der Sie schlecht gelaunt machte?

Sie könnten versuchen, es wegzuschlagen, aber dann kommt es mit noch größerer Kraft zurück.

Jetzt fühlen Sie sich noch schlimmer als zu dem Zeitpunkt, als der Gedanke zum ersten Mal auftauchte.

Was ist zu tun?

Nun, Sie können damit beginnen, dass Sie nicht versuchen, sich dagegen zu wehren.

Denken Sie daran, dass Ihre Gedanken nicht „real“ oder greifbar sind. Sie existieren nur in Ihrem Kopf.

Wenn ein unangenehmer Gedanke auftaucht, machen Sie mit.

Wenn Sie genug bewusste Absichten in einen unbewussten Prozess einfügen, ruinieren Sie ihn am Ende!

Wenn das nächste Mal ein unangenehmer Gedanke auftaucht, lernen Sie, damit zu spielen.

Stellen Sie sich zum Beispiel vor, Sie sitzen in einem Flugzeug und denken sich: "Oh mein Gott, was ist, wenn es abstürzt und ich sterbe?"

Das ist eine berechtigte Angst, aber die Wahrscheinlichkeit eines Flugzeugabsturzes ist äußerst unwahrscheinlich.

Sie müssen jedoch nichts davon wissen, um mit diesem negativen oder einem anderen Gedanken fertig zu werden.

Wenn Sie sich dabei erwischen, zu denken: "Ich werde in diesem Flugzeug sterben", können Sie bewusst hinzufügen: "Und nachdem ich gestorben bin, werde ich in der Hölle enden und für immer gefoltert werden."

Klingt ziemlich lächerlich, oder?

Das ist der Punkt. Sobald Sie anfangen, den Gedanken zu erweitern, wird es viel schwieriger, den Gedanken ernst zu nehmen.

Eine andere Sache, die Sie tun können, ist, den Gedanken bewusst von Anfang bis Ende zu denken.

Wenn Sie das ein paar Mal tun, werden Sie den Gedanken irgendwann satt und er verschwindet von selbst.

Entweder das, oder Sie werden feststellen, wie lächerlich der Gedanke ist.

Wenn Sie sich all die schlechten Dinge vorstellen, die passieren könnten, müssen Sie die Möglichkeiten erweitern, was passieren könnte.

Sie können sich genauso gut alle guten Dinge vorstellen, die passieren können.

Es hängt alles davon ab, wie Sie Ihren Verstand einsetzen.

## Wie man mit Wut umgeht

Wut ist eine schwierige Emotion.

Früher haben wir das Beispiel des Autofahrens angesprochen, und jemand schneidet Sie aus dem Nichts ab.

Wenn Sie ein Fahrer sind, wissen Sie, wie frustrierend das ist.

Die meisten Menschen würden dazu neigen, irgendeine Form von Wut auszudrücken.

Sie müssen erkennen, dass Wut eine sekundäre Emotion ist. Mit anderen Worten, es ist eine Reaktion auf etwas anderes.

Wenn Sie zum Auto-Beispiel zurückkehren, scheint es, als wären Sie wütend, dass Sie jemand abgeschnitten hat.

Aber wenn Sie etwas tiefer graben, hat Ihre Wut möglicherweise nichts mit der Person zu tun, die Sie abgeschnitten hat.

Die Person im Auto hat Sie möglicherweise an jemanden erinnert, den Sie nicht mochten, und die Tatsache, dass sie Sie abgeschnitten hat, hat Ihren Ärger ausgelöst.

Sobald Sie die Wurzel dessen gefunden haben, was Ihren Ärger wirklich verursacht, werden Sie Klarheit darüber gewinnen, was los ist und was sich ändern muss.

Wenn Sie wütend werden, dass etwas nicht nach Plan verlief, ist dies ein klares Zeichen, dass Sie schnell neugierig werden müssen.

Es könnte sein, dass Ihr Plan nicht mit der Welt in Einklang stand und anderen Menschen nicht erlaubte, sich anzuschließen und zusammenzuarbeiten.

Wann immer Wut aufkommt, müssen Sie herausfinden, wie Sie die Dinge so einrichten, dass Wut die am besten geeignete Antwort ist.

**Fazit**

Ihre Emotionen unter Kontrolle zu bekommen, ist ein lebenslanges Unterfangen.

Sie müssen Tag für Tag daran arbeiten, die Kontrolle zu erlangen.

Sobald Sie anfangen, den Finger auf andere Menschen zu richten, um sich emotional wohl zu fühlen, geben Sie Ihre Macht auf, etwas dagegen zu tun.

**Hier ist eine Liste zum Zusammenfassen:**

- Überprüfen Sie Ihren emotionalen Sollwert den ganzen Tag über
- Verwenden Sie das **5% -Prinzip**
- Kultivieren Sie eine größere emotionale Flexibilität
- Wenn jemand versucht, Sie wütend zu machen, konzentrieren Sie sich stattdessen auf die Entspannung
- Verwenden Sie den 4-Stufen-Prozess für den Umgang mit gewohnten Antworten
- Wenn Ihnen ein negativer Gedanke in den Sinn kommt, denken Sie aktiv von Anfang bis Ende darüber nach oder spielen Sie damit, indem Sie ihn ergänzen.
- Wenn Sie wütend werden, fragen Sie sich, wie Sie die Dinge so einrichten, dass Wut die am besten geeignete Antwort ist.

Wenn Sie nur einer Handvoll dieser Punkte folgen, erhalten Sie eine bessere Kontrolle über Ihre Emotionen, was die Lebensqualität erheblich verbessert.

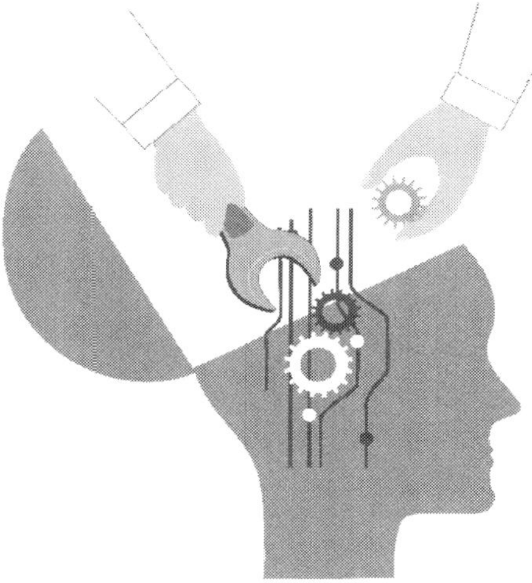

# Grundlegende NLP Techniken

NLP bietet Einzelpersonen ein äußerst leistungsfähiges Werkzeug, um Gedankenmuster, negative Verhaltensweisen und soziale Probleme effektiv zu ändern, indem sie sich einfach auf ihre Worte, Gedanken und Körpersprache konzentrieren! Viele Bücher wurden über die detaillierten Funktionen von NLP geschrieben. und viele Praktizierende verdienen ihren Lebensunterhalt damit, Therapie- und Selbsthilfekurse anzubieten.

Die einfache Tatsache ist, dass Sie die physiologischen Prozesse hinter NLP nicht verstehen müssen, um seine ermächtigenden Wahrheiten zu nutzen. In diesem Kapitel werden fünf grundlegende Techniken vorgestellt, mit denen Sie die Kraft von NLP nutzen können, um Ihr heutiges Leben zu verändern.

### Rapport

Die Kunst des Rapports ist vielleicht die zugänglichste NLP-Technik und zweifellos die wichtigste in Bezug darauf, wie sie sich auf Ihr Leben auswirkt. Rapport ist das Mittel, mit dem Sie sich in andere Menschen einfühlen und mit ihnen auskommen können. und ist eine Mischung aus Takt, Körpersprache und Zuhören.

Eine Person, die instinktiv in der Lage ist, eine Beziehung zu ihren Mitmenschen aufzubauen, wird eher zu Hause und bei der Arbeit glücklich sein, mehr Freunde haben, gesünder sein und länger leben. Die gute Nachricht ist, dass der Aufbau von Beziehungen kein Zufall ist. Es gibt eine Reihe von Methoden, mit denen Sie Ihre Beziehungen zu anderen verbessern können. die für jedermann zugänglich sind!

### Wie man Rapport aufbaut

Es gibt viele Möglichkeiten, Rapport aufzubauen - die meisten funktionieren am besten, wenn Sie die Techniken so üben, dass Sie sie unbewusst ausführen können, ohne nachzudenken.

Passen Sie die Atmung an die, von dem Sprechpartner an. Dies bringt Ihre Physiologie in Einklang miteinander. Wenn die Person spricht, atmen Sie aus, während sie spricht, und Sie atmen ein, wenn sie aufhört.

Passen Sie ihre Körperbewegungen an. Wenn sie die Beine gekreuzt haben, machen Sie dasselbe. Wenn sie sich nach vorne lehnen, passen Sie sich zu dieser Bewegung an.
Blinken Sie rechtzeitig. Auch dies ermöglicht es Ihnen, vollkommen in Einklang zu sein.

Es versteht sich von selbst, dass Gesichtsgesten harmlos aufeinander abgestimmt werden können. Wenn Sie zum Beispiel jemand anlächelt, ist es vollkommen in Ordnung, sofort zurückzulächeln! Wenn sie mit ihren Haaren spielen oder einen Stift drehen, können Sie dies auch tun - versuchen Sie einfach, nicht zu viel daraus zu machen. All diese kleinen Gesten werden vom Unterbewusstsein der anderen Person aufgegriffen und bestätigen den Glauben, dass Sie genau wie sie sind, sodass es sich lohnt, mit ihnen zu spielen.

Das Erstellen eines NLP-Rapports mit der Körpersprache wird etwas schwieriger, wenn Sie versuchen, kleinere Bewegungen der anderen Person abzugleichen. Wenn Sie dies versuchen, müssen Sie etwas vorsichtiger sein. Wenn Sie anfangen, jede kleine Bewegung zu kopieren, die sie machen, werden Sie schnell rumpeln, also ist Subtilität hier das Ziel.

Wenn die andere Person beispielsweise ihren Arm bewegt, können Sie dies anpassen, indem Sie Ihre Hand vorsichtig auf der entsprechenden Seite in dieselbe Richtung bewegen. Wenn sie ihren Körper bewegen, machen Sie dasselbe, indem Sie Ihren Kopf bewegen oder nicken, um der Richtung zu folgen, in die sie gehen.

Reflektieren Sie ihre Wortwahl. Nutzen Sie einige Wörter des Gesprächspartners. Sie können schneller und tiefer eine Beziehung aufbauen.

Der letzte Teil von NLP Rapport, den wir erwähnen, ist Führung. Hier fängt es an, richtig Spaß zu machen!

Sobald Sie eine Beziehung hergestellt haben, indem Sie jemanden auf die oben beschriebene Weise stimuliert haben, können Sie beginnen, ihn zu führen, indem Sie ihn dazu bringen, Ihre Bewegungen unbewusst zu kopieren!

Es gibt viele Möglichkeiten, jemanden zu Ihrem gewünschten Ergebnis zu führen - aber bitte verwenden Sie diese leistungsstarke Technik auch zum Wohle des Guten! Wenn Sie z.B. jemanden in einem Verkaufsgespräch führen, bevor Sie nach dem Geschäft fragen – ist dies ein guter Indikator für seine Kaufbereitschaft.

Versuchen Sie es. Die Nestzeit, in der Sie sich in einer Besprechung mit vielen anderen Menschen befinden, und alles läuft gut. Schauen Sie sich einfach im Raum um. Die Körpersprache der Menschen wird im Einklang sein, sie werden alle ihre Beine zusammen kreuzen und sich zusammen in ihren Stühlen zurücklehnen - das ist wahres Verhältnis in Aktion.

Wenn Sie diese Aktionen dann absichtlich nicht übereinstimmen, spüren Sie, wie Ihr Körper aus dem Verhältnis gerät. Möglicherweise bemerken Sie sogar andere Menschen, die sich umsehen und eine Verschiebung der Energie im Raum spüren.

Dies ist wirklich eine mächtige Technik, setzen Sie sie mit Bedacht und Sorgfalt ein.

**Dissoziation**

Ein Großteil des Stresses, der Depression und der negativen Emotionen, die wir im täglichen Leben erleben, sind das Ergebnis von Auslösereaktionen auf gemeinsame Erfahrungen. Zum Beispiel können Sie feststellen, dass Ihr Temperament steigt, wenn Sie jemanden ein bestimmtes Wort oder eine bestimmte Phrase erwähnen hören. Alternativ kann es eine besondere Angewohnheit Ihres Partners sein, die Sie in einen Anfall von Wut oder Trägheit versetzt.

Die Dissoziation trennt im Wesentlichen die Verbindung zwischen dem negativen Geisteszustand und dem Auslöseereignis. Als solches ist es eine sehr wirksame Langzeitbehandlung für tief verwurzelte psychologische Probleme wie Angstzustände, Depressionen, Stress und Phobien. Es ist auch eine positive Art, mit Schwierigkeiten bei der Arbeit, zu Hause oder in unseren Beziehungen umzugehen.

Beim Versuch, von einem nicht ressourcenschonenden in einen ressourcenschonenden Zustand zu wechseln, kann es oft vorteilhaft sein, eine Person von einer zugeordneten Position in eine nicht zugeordnete Position zu verschieben und umgekehrt.

Oft kann dies leicht erreicht werden, indem man einfach aus seinem Körper aussteigt oder in ihn eintrettet. Diese Bewusstseinsverschiebung kann zu Erkenntnissen führen, die sonst übersehen würden.

*Identifizierung der aktuellen Position*

Die zugehörige Sprache ist normalerweise eine Referenz aus der ersten Person, insbesondere wenn jemand beschreibt, was er sieht. Sätze wie "eingeholt", "direkt drin", "erleben" und "fühlen" werden oft verwendet, um eine Einbeziehung in die Handlung auszudrücken.

Dissoziierte Sprache ist die Sprache der Distanz, "dort drüben", "am Rande", "beobachten", "sehen" sind alles Beweise dafür, dass die Person die Erfahrung betrachtet.

Dissoziierte Personen, die über Sprachmuster hinausgehen und physische Hinweise betrachten, sind wahrscheinlich weniger leidenschaftlich und sachlicher und verwenden räumliche Markierungen, die sich in einiger Entfernung befinden. Wenn sie sich auf sich selbst beziehen, zeigen sie oft auf die Repräsentation ihrer selbst, die von ihrem Standort entfernt ist. Assoziation führt zu größerer Emotion und räumlicher Markierung, die nahe bei sich selbst liegt. Selbstreferenzielle Aussagen führen dazu, dass sie auf sich selbst zeigen oder sich selbst berühren, wenn sie die Erfahrung erleichtern.

*Wann man sie benutzt*

Assoziierte und dissoziierte Erinnerungen sind in verschiedenen Situationen nützlich. Es ist wichtig zu verstehen, wo die einzelnen Typen verwendet werden, um sicherzustellen, dass man in einen einfallsreicheren Zustand übergeht.

Assoziiert - Genießen Sie eine angenehme Erinnerung oder Erfahrung, verbessern Sie Ihre Fähigkeiten, Ihre Betriebszeit und Ihren Fokus
Disassoziiert - Unangenehme Erfahrungen, traumatische Erinnerungen, aus der Vergangenheit lernen, ein Ereignis verstehen.

Dissoziation ist unglaublich nützlich, um aus dem Gedächtnis zurückzutreten und die Erfahrung in eine Gelegenheit zum Lernen zu verwandeln. Sie ermöglicht eine Verringerung der emotionalen Intensität ohne Detailverlust und ermöglicht es, wieder in die Assoziation einzutreten, während das neue Wissen erhalten bleibt.

*Hier ist eine einfache Anleitung zum Testen von Assoziation und Dissoziation.*

Denken Sie an eine angenehme Erinnerung oder Erfahrung.
Sind Sie mit der Erfahrung verbunden (Sie schauen aus Ihren eigenen Augen oder distanziert (beobachten Sie sich selbst in der Szene)?
Beachten Sie die Intensität des emotionalen Zustands.
In den entgegengesetzten Zustand wechseln (Assoziiert -> Dissoziiert / Dissoziiert -> Assoziiert)
Beachten Sie die Änderung, die besser ist? Können Sie irgendwelche spezifischen Verschiebungen identifizieren?
Wechseln Sie zurück in die ursprüngliche Position.

Denken Sie daran, Ihre Erfahrung wieder in den ursprünglichen Zustand zu versetzen (es sei denn, Sie möchten natürlich die Intensität des Ereignisses ändern).

## Inhalt-Änderung

Inhalt Änderung ist eine Gruppe von Visualisierungstechniken, die Sie dazu ermutigen, anders über Situationen nachzudenken, in denen Sie sich entmachtet, schikaniert oder außer Kontrolle fühlen. Mit dieser Technik können Sie negative Situationen in einem neuen Licht betrachten und so sehen, wie positive Ergebnisse aus scheinbar hoffnungslosen und frustrierenden Situationen abgeleitet werden können.

Diese NLP-Technik kann für Menschen von Nutzen sein, die in ihrer Vergangenheit ein schweres Trauma wie Stress, Kindesmissbrauch erlitten haben oder an einer chronischen oder lebensbedrohlichen Krankheit leiden. Die Aktualisierung von Inhalten ist auch hilfreich, um mit akuten und unerwarteten Traumata wie dem Verlust eines Arbeitsplatzes oder dem Verlust von einer Person umzugehen.

Es ist bekannt, dass NLP-Reframing-Techniken jeden positiv beeinflussen! Sie können Sie über das Offensichtliche hinaus sehen lassen und Sie generell dazu ermutigen, ein besserer Mensch zu sein. Die Anwendung dieser Techniken ist auch recht einfach, solange Sie offen sind.

**Nr. 1: Wenn das Leben Ihnen Zitronen gibt, machen Sie Limonade.**

Dies wird manchmal als Kennzeichnung bezeichnet. Es ermutigt Sie, eine negative (oder sogar katastrophale) Situation von einem positiven Standpunkt aus zu betrachten.

Angenommen, Sie haben an Ihrem Aufsatz gearbeitet, als sich Ihr Computer plötzlich neu startet. Und natürlich haben Sie vergessen, Ihre Datei zu speichern. Das Einfachste an diesem Punkt wäre, dem Zorn zu erliegen, wütend zu werden und vielleicht sogar ein paar Dinge zu zerbrechen.

NLP wird Sie jedoch dazu ermutigen, das Ganze als Lernerfahrung zu betrachten. Jetzt wissen Sie, dass Sie ab und zu Ihre Word-Datei speichern müssen, insbesondere wenn Sie an etwas sehr Wichtigem arbeiten. Jeder Tag ist eine Lernerfahrung.

**Nr. 2: Alles dreht sich um den Kontext.**

Diese Methode beinhaltet das Ändern des Kontexts, in dem Sie eine Situation verstehen, und das Verstehen, wie diese Situation für Sie von Nutzen sein kann. Zum Beispiel haben Sie gerade erfahren, dass Sie einen älteren Stiefbruder haben. Anstatt über das ganze Familiendrama zu schmollen, denken Sie daran, wie cool es ist, jemanden zu haben, den Sie um Rat fragen können, oder jemanden, der Ihrem ansonsten langweiligen Leben ein wenig Aufregung verleiht.

**Nr. 3: Inhalt ist relativ.**

Es geht nur um Wahrnehmung. Eins kann etwas anderes bedeuten. Es hängt alles davon ab, wie Sie eine Person, eine Sache oder eine Situation sehen.

Nehmen wir an, Sie sind eine Frau und haben einen Freund, der zu geizig ist, um Ihnen Blumen und Pralinen zu kaufen. Anstatt einen Geizhals zu sehen, sehen Sie eine Person, die weiß, dass materielle Dinge nicht der Weg zum Herzen einer Frau sind. Sehen Sie, dass diese Person weiß, dass es im Leben weitaus wichtigere Dinge gibt als Blumen und Pralinen. Sehen Sie, dass diese Person Sie lieber mit größter Aufmerksamkeit überschütten würde, als etwas Gekauftes für sie sprechen zu lassen!

Diese Techniken können Ihre Sicht auf die Welt verändern!

## Verankerung

Die Verankerung zielt darauf ab, eine gewohnheitsmäßige, positive emotionale Reaktion auf ein bestimmtes Wort oder einen bestimmten physischen Reiz hervorzurufen. Dies ist eine äußerst leistungsstarke Methode, um die Art und Weise, wie sich eine Person fühlt, sofort zu ändern. Sie funktioniert gut in langfristigen Beziehungen zwischen Therapeuten und Patienten. Es ist jedoch auch möglich, diese Antworten selbst zu generieren und sich so einen sofortigen Muntermacher zu bieten, der Sie durch schwierige Zeiten führt.

**5 Arten von NLP-Ankern**

Wir erleben das Leben durch die fünf Sinne, die wir haben. Daher können Anker auch durch diese fünf Sinne erzeugt und erlebt werden.

**Visuell**

Visuelle NLP-Anker treten auf, wenn Sie etwas durch Ihre Augen sehen. Es kann ein Bild von etwas (d. H. Sonnenuntergang), eine Art Symbol, ein Gesichtsausdruck (d. H. Stirnrunzeln), eine Telefonnummer, eine Flagge usw. sein.

**Auditiv**

Auditive NLP-Anker werden erlebt, wenn Sie etwas hören. Zum Beispiel kann es sich um einen Klingelton auf Ihrem Mobiltelefon, einen Wecker, eine Autohupe, einen Lieblingssoundtrack, einen Ton handeln, den jemand macht, usw.

**Kinästhetisch**

Kinästhetische NLP-Anker hängen mit dem Tastsinn zusammen. Zum Beispiel können Sie jedes Mal etwas Besonderes fühlen, wenn Sie ein frisches Handtuch berühren, sich auf ein Bett legen, Sand am Strand berühren usw.

**Geschmack**

Gustatorische NLP-Anker werden durch Geschmack erfahren. Dies kann auftreten, wenn Sie verschiedene Arten von Lebensmitteln essen. Zum Beispiel essen Sie Käse und es führt Sie zurück zu dem Zeitpunkt, als Sie 8 Jahre alt waren und auf der Farm Ihrer Großeltern lebten.

**Olfaktorisch**

Riech-NLP-Anker werden durch den Geruchssinn erfahren. Das kann z.B. passieren wenn man das Parfüm an jemandem riecht, das Sie an ein Parfüm erinnert, das Sie zuvor an einer anderen Person gerochen haben. Ein anderes Beispiel ist, wenn man einen Ort besucht, der seinen eigenen einzigartigen Geruch hat.

Anwendung der NLP-Verankerungstechnik
Wenn Sie sich entschieden haben, einen NLP-Anker für sich selbst zu erstellen, aus welchem Grund auch immer (Glück, Aufregung, Entspannung, Selbstvertrauen), müssen Sie nur die nächsten 15 Minuten mit der Anwendung der folgenden NLP-Verankerungstechnik verbringen . Glücklicherweise ist dies sehr einfach.

**1.** Legen Sie die Ankeraktion fest, die Sie jedes Mal ausführen, wenn Sie den Ressourcenzustand erfahren möchten. Sie können Ihre Zehen berühren, um Ihr Handgelenk greifen oder ähnlich. Stellen Sie einfach sicher, dass die Aktion einzigartig ist. Sie möchten nicht immer versehentlich Ihren Anker aufrufen.

Stellen Sie außerdem sicher, dass Ihr Anker natürlich aussieht, falls Sie dies in der Öffentlichkeit tun möchten. Wenn Sie mitten in Ihrem Büro aufstehen und auf einem Fuß springen, machen sich Ihre Mitarbeiter ein wenig Sorgen.

**2**. Beginnen Sie mit dem Abrufen einer früheren Erfahrung, in dem Sie den gewünschten Ressourcenzustand erlebt haben. Wenn der Staat zum Beispiel Selbstvertrauen ist, suchen Sie nach einer Erinnerung, in die Sie wirklich zuversichtlich waren.

**3.** Verbringen Sie einige Zeit damit, sich an diese Erinnerung zu erinnern. Um es so real und intensiv wie möglich zu machen, denken Sie an alles, was Sie damals gesehen, gehört, gefühlt und berührt haben. Denken Sie darüber nach, was zu Ihnen gesagt wurde und was Sie zu anderen gesagt haben, und über alles andere, was diese Erinnerung verstärken könnte.

**4**. Ihr Ziel ist es, nach dem Höhepunkt der Intensität Ihres Gedächtnisses Ausschau zu halten. Und sobald Sie den Höhepunkt gespürt haben, wenden Sie den Anker an, die einzigartige Aktion, für die Sie sich zuvor entschieden haben. Halten Sie den Anker eine Weile und lassen Sie den Anker los, sobald Sie spüren, wie die Intensität nachlässt.

Ein sehr wichtiger Schlüssel, an den Sie sich erinnern sollten, ist, dass Sie wirklich diesen Höhepunkt der Intensität erreichen möchten. Wenn Sie den Anker zu früh anwenden, ist der Anker nicht zu stark. Das gleiche passiert, wenn Sie den Anker zu spät anbringen, wenn die Intensität abfällt.

**5**. Sie können den Verankerungsprozess noch einige Male wiederholen, um die Ergebnisse zu festigen.

**6**. Brechen Sie den Zustand, in dem Sie sich befinden, indem Sie etwas anderes tun.

**7**. Testen Sie, ob Ihr Anker funktioniert.

Nachdem Sie erfolgreich einen Anker mit dem gewünschten Ressourcenstatus erstellt haben, können Sie ihn jederzeit verwenden. Führen Sie einfach die Aktion aus, auf die Sie sich programmiert haben, und Sie werden sofort die positiven Auswirkungen spüren.

Wie Sie sehen können, ist die NLP-Verankerung ein ziemlich nützliches Werkzeug, das Ihr Leben erheblich verbessern kann. Jetzt müssen Sie nur noch an Situationen denken, in denen Sie sich super glücklich, ehrgeizig, selbstbewusst, entspannt usw. fühlten, und diese bewusst verankern.

**Glaubensänderung**

Von Kindheit an sammeln wir um uns herum ein komplexes Netz von Überzeugungen, Annahmen und Meinungen, die unser tägliches Leben leiten und beeinflussen. Viele davon sind so tief verwurzelt, dass wir den größten Teil unserer bewussten Zeit damit verbringen, uns ihrer überhaupt nicht bewusst zu sein. Einige dieser Überzeugungen stammen von der Gesellschaft, in der wir erzogen wurden, und andere stammen von unserer eigenen eigenwilligen Schöpfung. Einige dieser Grundüberzeugungen sind uns oft nicht bewusst, bis wir sie in Frage stellen, wenn wir oft in eine ansonsten unerklärliche Verteidigungswut geraten.

Zusammengenommen bilden die Überzeugungen eines Individuums die einzigartige Weltanschauung eines Menschen, ein Netz von Annahmen, mit denen wir die Ereignisse um uns herum filtern und interpretieren. Alle Überzeugungen schränken unser Verhalten in irgendeiner Weise ein und viele wirken sich positiv aus. Einige Überzeugungen verstärken jedoch negative Verhaltensmuster, die sich nachteilig auf die Art und Weise auswirken, wie wir denken und mit anderen Menschen interagieren.

## Überzeugungen prägen unsere Realität

Hier sind einige der häufigsten Arten von Widerstand in Form von einschränkenden Überzeugungen, die auftauchen und Ihren Wunsch nach Veränderung und Wachstum sabotieren können.

- Ich bin nicht würdig, gut genug, liebenswert genug,
- Ich verdiene keine guten Dinge
- Es wird etwas Schreckliches passieren
- Es ist gierig, mehr zu wollen
- Andere werden mich ärgern, eifersüchtig sein
- Andere werden mich nicht gutheißen, werden mich kritisieren, mich beurteilen.
- Ich brauche die Zustimmung anderer
- Es ist nicht gut sich abzuheben
- Ich muss kämpfen; Das Leben muss ein Kampf sein
- ich bin ein Opfer

- Ich muss auf alle anderen vor mir aufpassen
- Ich kann es besser als jeder andere
- Ich kann mich nicht ändern
- Ich bin zu alt; Ich bin zu jung
- Ich habe meine Chance verpasst, es ist zu spät für mich
- Die Wirtschaft ist schlecht; Es ist nicht der richtige Zeitpunkt
- Ich habe nicht die notwendigen Ressourcen - Geld, Zeit, Intelligenz, Training, Referenzen, Kreativität, Hilfe, Freunde, Familie usw.
- Ich bin zu durcheinander mit meiner Vergangenheit und ich kann nicht darüber hinwegkommen
- Ich kann keine harten Dinge tun

Überzeugungen können voll bewusst sein, stehen aber oft unter dem Radar unseres Bewusstseins, fast unbewusst.

Die Überzeugungen, die wir in unserer Kindheit bilden, werden zu den Wahrheiten, nach denen wir leben.

**Diese Überzeugungen prägen unsere Realität.**

Wir interpretieren Ereignisse und bilden unsere eigenen Lebenswahrheiten. Wenn beispielsweise ein Kind versehentlich etwas kaputt macht und seine Eltern die Stirn runzeln und schreien, interpretiert das Kind möglicherweise den Blick der Eltern und kommt zu dem Schluss: "Mit mir stimmt etwas nicht.

Drei Elemente müssen vorhanden sein - angegeben oder impliziert - in einem wohlgeformten Glauben an Wohlstand oder Erfolg.

**Diese Elemente sind**

**1**. Es ist möglich

**2.** Ich bin fähig

**3**. Ich bin es wert

**Glaubensänderungstechnik**

- Denken Sie an einen Glauben, der Sie in einem Bereich Ihres Lebens zurückhält
- Eine einschränkende Überzeugung beruflich oder persönlich?
- Was wäre Ihr bevorzugter Glaube?
- Ergebnis, das Sie mit bevorzugter Überzeugung erzielen könnten?

Führen Sie den folgenden schrittweisen Prozess durch

**Schritt 1**: Assoziieren Sie sich voll und ganz mit diesem Glauben, der Ihnen beim Erreichen eines

Traums, Ziels, Ergebnisses im Wege steht. Sie werden wahrscheinlich einen Zusammenhang mit diesem Glauben mit einer früheren Erfahrung finden, d. H. In der Schule, Universität, im Privatleben, bei der Arbeit. Beachten Sie, was Sie sehen, hören und fühlen und welche Assoziationen Sie über den Glauben haben?

**Schritt 2**. Finden Sie einen starken und nützlichen Glauben an etwas, in dem Sie sich bereits auszeichnen. Es muss nicht derselbe Glaube sein wie der, der benötigt wird, um Ihr Ergebnis zu erzielen. Finden Sie einfach etwas, von dem Sie wissen, dass Sie es wirklich gut können. Untersuchen Sie die Eigenschaften, was sehen, hören und fühlen Sie.

**Schritt 3:** Denken Sie an einen einschränkenden Glauben oder einen Zweifel, den Sie einmal persönlich oder beruflich erfüllen mussten, obwohl Sie es geschafft haben, Ihr gewünschtes Ergebnis zu erzielen und Ihren begrenzenden Glauben oder Zweifel zu überwinden.

**Schritt 4**. Denken Sie an eine Zeit, in der Sie Vertrauen hatten, obwohl Sie nicht zu 100% sicher waren, dass Sie das gewünschte Ergebnis erzielen konnten, haben Sie sich dafür entschieden und es getan.

**Schritt 5**: Geben Sie nun den negativen Glauben im Museum der alten Überzeugungen an dem Ort frei, an dem all die Dinge gespeichert sind, an denen Sie einmal, aber nicht mehr glauben.

Und während Sie den negativen Glauben loslassen, stellen Sie sich folgende Fragen:

- **Wie** ist dieser Glaube lächerlich und absurd?
- **Was** kostet es Sie letztendlich, wenn Sie diesen Glauben nicht loslassen?
- **Was** kostet es Sie emotional, wenn Sie diesen Glauben nicht loslassen?
- **Was** kostet es Sie in Ihren Beziehungen, wenn Sie diesen Glauben nicht loslassen?
- **Was** kostet es Sie physisch, wenn Sie diesen Glauben nicht loslassen?
- **Was** kostet es Sie finanziell, wenn Sie diesen Glauben nicht loslassen?
- **Was** kostet es Familie / Angehörige, wenn Sie diesen Glauben nicht loslassen?

· Nachdem Sie diese Fragen gestellt haben, wie stehen Sie zu diesem negativen Glauben?
· Lassen Sie diesen negativen oder einschränkenden Glauben vollständig los, setzen Sie ihn mit jedem anderen Glauben in Verbindung, der Ihnen nicht mehr dient

**Schritt 5**. Eine Position des „Unglaublichen" - eine Ebene des Wissens, die so stark ist, dass Sie jetzt den bevorzugten positiven Glauben vollständig glauben und installieren. Ganz sicher, dass Sie Ihr Ziel erreichen können

**Schritt 6**: Stellen Sie sich vor, wie unterschiedlich Ihr Leben heute und morgen sein wird und welche Auswirkungen dieser neue Glaube auf Ihre zukünftigen Interaktionen und Ihr Leben haben wird

Herzlichen Glückwunsch, Sie haben Ihren begrenzenden Glauben zerschlagen und können sich darauf freuen, mit dem neuen positiven Glauben zu leben.

NLP bietet ein effektives Werkzeug-Set, mit dem Sie Ihren Glaubenssatz neu programmieren und Ihre Sicht auf die Welt überarbeiten können, um darin positiver zu handeln.

# Angstzustände, Stress und Depression mit NLP überwinden

Machen Sie sich keine Sorgen, seien Sie glücklich, bleiben Sie ruhig - es gibt unzählige alltägliche Ausdrücke, die uns ermutigen, stressfrei zu sein. Aber in der heutigen geschäftigen Welt mit so vielen Anforderungen an unsere Zeit und vielfältigen Verantwortlichkeiten ist es manchmal schwierig, dies zu tun.

Wir sind jeden Tag mit potenziell stressigen Situationen konfrontiert, von nervösen Interaktionen bei der Arbeit bis zu angespannten Szenarien in unserem Privatleben.

Stressfaktoren des 21. Jahrhunderts können viele verschiedene Formen annehmen, von Informationsüberflutung und digitalen Albträumen bis hin zu widersprüchlichen Prioritäten, finanziellen Sorgen und sogar sehr häufig dem

Druck, auf unseren komplizierten und überlasteten Straßen zu fahren. Ungeklärte Probleme; Dinge, die wir ignorieren, begraben oder umgehen, können auch eitern und sich in Angst, Stress und Depressionen zeigen.

Manchmal können wir einfach mit diesen Stresssituationen umgehen, ohne unsere geistige Gesundheit zu beeinträchtigen. Und natürlich gibt es auch so etwas wie „positiven Stress", den wir oft in einer Arbeitssituation einsetzen oder um uns während eines Projekts anzuregen. Probleme können jedoch auftreten, wenn Stress negativ wird (wenn wir das Gefühl haben, nicht damit umgehen zu können).

Es bringt uns aus dem Gleichgewicht und wirkt sich auf unsere Gesundheit und unser Wohlbefinden sowie auf alle Bereiche unseres Lebens aus. Wenn der Stress länger anhält, kann dies zu Problemen in Bezug auf Dauer und Qualität des Schlafes, Gewichtszunahme, Verdauungsproblemen und vielen anderen Symptomen führen. In der Regel kann Stress das Herz schädigen, das Gedächtnis beeinträchtigen und auch unsere Beziehungen zerstören. Angst, Stress und Depression sind eng miteinander verbunden und oft miteinander verbunden und können sich zu körperlicher Depression entwickeln, wenn sie nicht kontrolliert werden.

Die gute Nachricht ist jedoch, dass Sie viel tun können, um Angstzustände, Stress und Depressionen vorzubeugen, sie zu bewältigen und zu lösen.

Neurolinguistisches Programmieren (NLP) kann uns helfen, die Ursachen von Angstzuständen, Stress und Depressionen aufzudecken und zu verstehen und Änderungen zu identifizieren, die vorgenommen werden müssen. Es kann alles sein, vom Umgang mit Ängsten und Phobien und negativen Überzeugungen bis hin zur Lösung von Problemen aus der Vergangenheit oder Sorgen um die Zukunft.

Wenn Sie NLP-Coach nutzen, können Sie den zugrunde liegenden Problemen wirklich auf den Grund gehen, um Ihr Leben einfallsreicher zu gestalten und voranzukommen. Wertvolle NLP-Techniken führen Sie in neue Denkweisen ein, die wiederum Ihr Leben ins Gleichgewicht bringen.

**Bitte lesen Sie diese Tipps offen durch.**

*Machen Sie sich bewusst, dass Angst „nichts" ist.*
Wir Menschen neigen dazu, aus Nichts etwas zu machen. Dies ist keine herabwürdigende oder wertende Aussage, sondern eine über einen Prozess, den wir tendenziell machen. Wir neigen dazu, unsere Erfahrungen und Bedingungen solide und real zu machen, obwohl dies nicht der Fall ist.

Lassen Sie uns dies qualifizieren; Haben Sie jemals Angst gefunden? Wir meinen es, wirklich, sind Sie jemals auf dem Weg zur Arbeit über Angst gestolpert oder haben Sie sie in Ihrer Speisekammer gefunden? Wahrscheinlich nicht! Dies ist also der erste Tipp und das erste, was Sie lernen müssen. Erkennen Sie, dass Angst nichts Reales oder Festes ist, es ist kein Substantiv, es ist ein Verb, ein Prozess, eine Handlung, genauer gesagt ein Denken, das von Ihnen verlangt wird, um Angst zu erfahren.

*Erkennen Sie, dass Angst kein Gefühl ist!*
Einer der größten und häufigsten Fehler, den man machen kann ist, Gedanken mit Gefühlen zu verwechseln!

Um wirklich Angst zu haben, muss man wissen, dass Angst ein Denkprozess und kein Gefühl ist! Wenn Sie denken, dass Angst ein Gefühl ist, sind Sie viel weniger in der Lage, direkt damit umzugehen. Lassen Sie uns einige Beispiele für diese Verwirrung nennen:

**"Ich bin wirklich verärgert"** (dies ist ein Gedanke, keine Emotion)

**Ich habe das Gefühl**, ich habe genug gehabt! (ein Gedanke, kein Gefühl)

**Ich habe das Gefühl**, du respektierst mich nicht! (ein Gedanke, kein Gefühl)

**Ich habe das Gefühl**, du liebst mich nicht mehr ... (ein Gedanke, kein Gefühl)

Verstehen Sie das Prinzip? Hier ist noch einer:

**Ich bin sehr besorgt!** (ein Gedanke, kein Gefühl)

Es gibt ein Gefühl, das mit Angst verbunden ist, aber Ihre Angst ist ein Denkprozess, die Ursache des Gefühls / der Gefühle (der Symptome). Schauen wir uns die einfache Formel dafür an, aber bevor wir das tun, haben Sie verstanden, dass es im vorherigen Satz "Ihre Angst" war? Wenn nicht, sind Sie wahrscheinlich mit dieser Bedingung verbunden. Wir werden dies in einem der folgenden Tipps betrachten. Zurück zur Formel:

**(Ursache)** „ängstlich" denken führt zu und = Gefühl; "Angst" (Symptom + Wirkung)

Da haben Sie es also: „Angst" ist ein Gefühl, das beim Denken an Angst entsteht. Ein gesunder Schritt, um sich von Angst zu befreien, ist zu wissen, dass Sie Ihren Weg hinein denken und nicht Ihren Weg fühlen. Jetzt haben wir endlich ein Ziel! Es ist viel wertvoller, eine Ursache anzusprechen als die Symptome. Hören Sie auf zu versuchen, die Angst nicht zu fühlen oder sogar die Angst zu fürchten; Die Lösung, die Sie suchen, ist nicht da. Lassen Sie uns Ihnen ein Beispiel geben, um dies zu verdeutlichen:

Sie gehen mit einem roten juckenden Ausschlag (Symptom) am ganzen Körper zu dem Arzt und der Arzt verschreibt Ihnen eine Creme. Der Arzt bietet vielleicht eine gewisse Erleichterung, sogar eine Heilung, aber was soll der Arzt wirklich tun?

Das ist richtig, Sie möchten wissen, was die Ursache des Ausschlags ist, und das behandeln oder verhindern lassen. Es ist hier das gleiche Prinzip, die Ursache der Angst ist viel nützlicher zu beheben, als die Symptome loszuwerden! Lassen Sie uns dieses Verständnis vertiefen.

*Angst verstehen ist eine Fähigkeit*

Um Angst zu haben, muss man wissen, dass es eine Fähigkeit ist. Wenn Sie persönlich Angst haben, dann haben Sie eine Fähigkeit, die Sie sehr gut können und die Strategie der Angst ausführen. Eine Person kann in einer Fertigkeit immer besser werden, selbst auf einem Niveau von Meisterschaft. Das kann ein großes Problem darstellen, wenn Ihre Fähigkeit darin besteht, Angst zu erzeugen! Haben Sie im Laufe der Jahre bemerkt, dass Sie immer „besser" Angst haben können? Sie brauchen weniger Zeit, um es zu erleben? Ja? Sie brauchen weniger Anregungen oder Bedeutung, um in einen ängstlichen Zustand zu gelangen?

Früher war Ihr Können niedrig und Sie konnten Angst nur bei wichtigen Ereignissen oder Ereignissen wie einem Vorstellungsgespräch oder einer öffentlichen Rede haben. Heute können Sie jedoch auch Angst bei einem unerwarteten Klopfen an Ihre Haustür bekommen!

„Nichts was uns passiert, kann uns verletzen, sondern wie wir es uns selbst darstellen! Dies schließt auch ein, was noch nicht geschehen ist! "

**Um Angst zu meistern, brauchen Sie eine großartige Vorstellungskraft!**

Um Angst zu erfahren oder zu tun, ist es eine absolute Voraussetzung und ein wesentlicher Prozess, der jedes Mal erforderlich ist, * Ihre Vorstellungskraft für die Zukunft einzusetzen *.

Bitte lesen Sie das noch einmal durch.

Ein wesentlicher Teil der Fähigkeit der Angst besteht darin, sich die Zukunft, das bevorstehende Ereignis oder die Interaktion vorzustellen. Es gibt verschiedene Probleme, wenn man sich die Zukunft vorstellt:

- Es ist nicht möglich vorherzusagen, was in Zukunft passieren wird!
- Weil es nicht möglich ist, eignet es sich zur schlechtestes-Szenario-Denkweise.
- Wenn Sie so viel Zeit damit verbringen, sich die Zukunft vorzustellen, verpassen Sie wahrscheinlich das Leben jetzt. Vielleicht ist das zum Teil der Grund, warum das Leben derzeit langweiliger ist, als Sie es sich vorgestellt haben.
- Ihrer Fantasie sind keine Grenzen gesetzt. Wenn Sie sie aus Freude verwenden, ist das großartig, aber was ist, wenn Sie sie aus Sorge verwenden?

Hören Sie auf, sich die Zukunft vorzustellen, und Sie werden weniger ängstlich sein.

**Seien Sie präsent!**
Präsent zu sein, bedeutet in diesem Moment hier zu sein, das Leben und die Ereignisse so zu bemerken, wie sie aktuell sind. Nehmen Sie Kontakt mit Ihrem physischen Selbst auf. Ihr Körper ist sehr klug; es ist immer hier im gegenwärtigen Moment! Verwenden Sie Ihren Körper als Anker für Ihren Geist und Ihre Vorstellungskraft, um regelmäßiger hier zu sein.

Wenn sich die Angst abzeichnet, greifen Sie nach beiden Knien und bringen Sie sich hierher in diesen realen und gegenwärtigen Moment. Es ist nicht möglich, ängstlich zu sein oder sich Sorgen um diesen gegenwärtigen Moment zu machen! Sie können jetzt Angst haben, und Sie können jetzt etwas dagegen tun, nicht wahr?

**Um Angst zu haben, brauchen Sie Amnesie nach Belieben**

Eine weitere Komponente in der Fähigkeit, Angst zu haben, ist die der „zukünftigen und vergangenen Amnesie“, der signifikanten und fast vollständigen Vergesslichkeit. So funktioniert es:

Zukünftige Amnesie steht an erster Stelle. Jemand bittet Sie, in etwa drei Wochen etwas zu tun, eine Arbeit oder eine öffentliche Präsentation zu machen oder auf einer Konferenz zu sprechen. Sie sagen "Ja", obwohl jeder Teil von Ihnen Nein sagen möchte.

Hier kommt die aufkommende Angst, weil Sie sich jetzt vorstellen, wie diese Präsentation ablaufen wird. Als nächstes aktivieren Sie Ihre zukünftige Amnesie; Sie tun dies, indem Sie vergessen, dass Sie 3 Wochen Zeit haben, sich vorzubereiten! Sie vergessen dabei, dass Sie diese Aufgabe tatsächlich erledigen können! Sie tun dies, indem Sie alle verfügbaren Ressourcen und Fähigkeiten vergessen, die Ihnen zur Verfügung stehen, um dieses Ereignis aus der Sicht zu werfen!

Bringen Sie jetzt die vergangene Amnesie ein, Sie beginnen zu vergessen, dass Sie dieses Zeug schon einmal gemacht haben, und insbesondere verbirgt Ihre vergangene Amnesie vor Ihnen alles, worüber Sie sich zuvor Sorgen gemacht haben. Im Moment machen Sie sich Angst wie ein Profi!

**Zählen Sie die Ressourcen**

Nehmen Sie sich einen Moment Zeit, um die Zeit zu kalkulieren, die Sie vor diesem Ereignis haben. Beginnen Sie zu bemerken, dass Sie wissen, was zu tun ist, Sie haben die Fähigkeiten und Fertigkeiten, um dies zu tun, und wenn Sie dies nicht tun, können Sie sie erwerben. Verstehen Sie, dass Sie Menschen in Ihrer Nähe haben und dass diese Ressourcen und Unterstützung bereitstellen können. Sehen Sie ein, dass jemand SIE speziell gefragt hat, um Ihnen die Möglichkeit zu geben. Fassen wir also zusammen, was Sie haben:

Sie haben die Zeit, die Sie von jetzt bis dahin haben; das Ereignis
Sie haben die Fähigkeiten und Kenntnisse, die Sie bereits haben
Sie haben die Personen und Ressourcen, denen Sie helfen müssen
Sie wissen, dass Sie jemand gefragt hat
Schließlich sehen Sie dies heute als Chance für Sie!

**Kennen Sie Angst über Ihr Potenzial**

Angst ist tatsächlich ein energetischer Ausdruck Ihres Potenzials und Ihrer Möglichkeiten. Lassen Sie mich Ihnen ein Beispiel geben, indem ich Ihnen eine Aufgabe gebe, über die Sie sich Sorgen machen können:

Die Aufgabe für Sie ist also innerhalb von 24 Stunden physisch auf dem Planeten Mars zu stehen. Wie viel Angst haben Sie? Keine richtig?

In der Tat ist es so, weil Sie wissen, dass Sie es nicht können und dass Sie keine Angst davor haben können! Ihr Potenzial liegt dann auch darin. Sie können sich nur um etwas sorgen, von dem Sie tatsächlich wissen, dass Sie es tun können! Es ist dann vernünftig, dass Ihre Angst tatsächlich ein Indikator dafür ist, was Sie tun können, nicht für das, was Sie nicht können.

**Angst stoppt Sie**

Angst kann Sie aufhalten, weil Sie sie zur Motivation nutzen. Hören Sie auf damit!

Viele Menschen erleben Angst, wenn sie vor einer scheinbar schwierigen oder herausfordernden Aufgabe stehen. Sei es, persönlich herausfordernd, beruflich oder etwas anderes.

Verwenden Sie Angst, um sich selbst zu motivieren? Die Verwendung von Angst als Formel, um Dinge zu erledigen, mag effektiv erscheinen, kann jedoch eine emotional schwierige, ablenkende und riskante Angelegenheit sein. Es sieht aus wie das:

Sie erhalten eine Aufgabe oder Anfrage mit einer Frist, zu der Sie ebenfalls Ja sagen.
Sie wenden Angst an
Lenken Sie sich für den gesamten Zeitraum vor der Aufgabe oder Veranstaltung nur 6 Stunden vor dem Start ab.

Es ist 2 Uhr morgens, Sie stehen auf und schreiben diese Rede, als ob Ihr Leben jetzt davon abhängt und Sie keine andere Wahl haben.
6 Uhr morgens Aufgabe erledigt und bereit zu liefern; Erfolg!
(A.) NEUE Anfrage erhalten…! Beginnen Sie erneut bei B.

Hören Sie auf damit! Einfach aufhören.

**Fühlen Sie die Angst…**
Ein Titel eines schönen Buches; Spüren Sie die Angst und tun Sie es trotzdem. Dies ist ein guter Rat, wenn es um Angst geht, insbesondere wenn Sie das tun, was in vorigem Tipp enthalten ist

Es ist Zeit, Ihr Zögern hinauszuschieben, es aufzuschieben! Probieren Sie es noch heute aus.

**Ihre Identität kann Angst für immer festhalten**
Die "ewige Frage", "Wer bin ich"? Die Beantwortung kann eine Weile dauern, sogar lebenslang. In dieser Lücke neigen wir Menschen dazu, allzu leicht zuzulassen, dass sich ihr Selbstbewusstsein oder ihre Identität mit Lügen füllt.

Wenn Sie sich als „Angstkranker“ erkennen und identifizieren, werden Sie schließlich aufhören, diese Selbstidentität zu erkennen, und zu einer Person werden, die auf der Ebene Ihrer eigenen Identität Angst hat.

Die Identifikation mit irgendetwas ist eine der effektivsten Strategien, um alles in Ihnen zu sperren. Von hier aus beginnt es zu wachsen und ein eigenes Leben und eine eigene Stimme zu finden. Sehen Sie, Sie sind keine Bedingung, kein Problem oder Kampf, Sie sind ein Mensch; Angst ist nicht persönlich, dauerhaft oder allgegenwärtig, es sei denn, Sie machen es dazu.

**Haben Sie gute Gedanken**

Sie müssen üben, sich nicht mit Ihrem Denken zu identifizieren. Was eine Person denkt, ist einfach das; Gedanken! In der neurolinguistischen Programmierung ist eines der wichtigsten Erkenntnisse, dass das, was wir denken, nicht wirklich real ist!

Wir erinnern uns und stellen uns die Realität mit unserem Gehirn oder Verstand vor. doch kein Gedanke ist wirklich real. Wir können denken, was wir wollen, sie sind alle so oder so, erfunden. Denken Sie also gut über Ihre Zukunft nach. Wenn Sie noch nicht gut zurechtkommen, reichen gute aus. Denken Sie daran, Sie sind nicht Ihre Gedanken, Sie sind so viel mehr als das.

**Angst vor Angst; die professionelle Formel!**

Die höchste Stufe der Angst, bei der Sie wirklich Angst haben, ist, wenn Sie die Fähigkeit entwickelt haben, Angst vor Angst zu erfahren! Was wir „Professionelle Angst“ nennen! Hier haben Sie die Fähigkeit entwickelt, Angst vor Ihrer Angst zu haben, die Sie noch nicht einmal haben. Dies kann Angst zutiefst real, persönlich, dauerhaft und allgegenwärtig erscheinen lassen!

Auf dieser professionellen Ebene der Angst können Sie sich meisterhaft vorstellen, sogar aufgefordert zu werden, aus Ihrer Komfortzone des Lebens herauszutreten. Hier hat Sie Ihr Filmgeist im Griff, Sie spielen Filme über Situationen, die nicht einmal wahrscheinlich so sind, sondern nie passieren werden. Wofür ist diese professionelle Strategie, was bringt es, wenn man so denkt? Es soll Sie auf viele mögliche Zukünfte vorbereiten und sicherstellen, dass Sie für alles bereit sind – was nicht möglich und sehr unnützlich ist.

**Entspannen Sie sich und lassen Sie den Fokus los.**

Ihr Ausweg vom Angst-Profi besteht darin, sich zu entspannen, einfach die ständige Konzentration auf die Zukunft zu lockern, um hier in Körper und Geist zu sein. Versuchen Sie, sich als tägliche Übung zu entspannen, hier zu sein, und Ihr bestes Selbst zu sein.

**Gehen Sie zum Extrem!**

Wenn Sie durch Schmerzen und Unbehagen motiviert sind und diese zu schwierig finden, um sich für Ihre Zukunft in Richtung Freiheit von Angst zu bewegen, besteht eine alternative NLP-Methode für Sie darin, „extrem zu werden“, absolut in die Luft zu jagen und Ihre Intensität zu erhöhen und eine schreckliche Erfahrung der Angst zu machen!

Es ist paradox, aber wenn Sie das Denkmuster irgendwann oder sehr bald in eine unverhältnismäßige Perspektive bringen können, werden Sie als System und Mensch feststellen, wie lächerlich Ihre Bedenken und Szenarien wirklich sind.

Situationen, die Sie niemals erleben werden und die Sie nie wirklich erlebt haben, werden aufhören, die Dinge zu sein, die mit Angst verbunden sind ...

*Wenn Sie mit Angstzuständen, Stress oder Depressionen zu kämpfen haben, versuchen Sie diese Tipps, um wieder auf Kurs zu kommen:*

**Bewegung und körperliche Aktivität**
Es ist bekannt, dass es die Stimmung verbessert und die Endorphine im System erhöht. Das Bewegen Ihres Körpers kann sowohl Ihrer geistigen als auch Ihrer körperlichen Gesundheit zugute kommen.

**Regelmäßiges Schlafmuster**
Die Einhaltung eines regelmäßigen Schlafmusters - und die Sicherstellung, dass Sie jede Nacht genug Schlaf bekommen - kann negative Gefühle und Sorgen reduzieren.

**Aufmerksam sein**
Unmengen von Untersuchungen zeigen, dass achtsame Aktivitäten bei Angstzuständen und Depressionen helfen können. Egal, ob es sich um einen Spaziergang an der frischen Luft oder eine andere Form der Selbstpflege handelt, diese können nach einem langen Tag wirklich stressabbauend sein.

**Yoga**
Yoga, Pilates oder Tai Chi sind bekannt dafür, dass sie Stress langfristig und kurzfristig verhindern und reduzieren können. Dies kann zu einer Auszeit in unseren Terminkalendern führen. Sie können einen Gruppenkurs versuchen oder in Ihrem eigenen Zuhause unter Anleitung eines Online-Videos üben.

**Meditation**
Dies kann ein sehr wirksamer Weg sein, um die Kontrolle über körperliche Spannungen zu erlangen und inneren Frieden zu finden.

**Entspannung**
Kann die Emotionen beruhigen und den Geist klären. Entspannte Menschen sind kreativer und können Probleme leichter lösen, indem sie Dinge aus einer anderen Perspektive betrachten.

**Stoppen und fragen**
Wenn ein stressiger Gedanke auftritt, fragen Sie sich zuerst, ob er wahr ist. Wenn nicht, lassen Sie es los und wenn ja, fragen Sie sich, ob der Gedanke hilfreich ist? Von hier aus können Sie sich für eine Strategie entscheiden.

**Schreiben Sie es auf**
Notieren Sie sich Dinge, die Sie stören. Wenn Sie sich aktiv mit Problemen befassen, kann dies häufig an sich helfen. Wenn Sie durch tägliche Probleme wirklich in Schwierigkeiten geraten, sollten Sie eine bestimmte Zeit einplanen, in der Sie darüber nachdenken können. Auf diese Weise können Sie sich unterteilen, damit Sie für den Rest des Tages mit Ihrem Leben weitermachen können.

### Wie Ihr interner Dialog Ihr Leben gestaltet

Die Worte, die Sie über sich selbst aussagen, und die Worte, die andere über Sie aussprechen, werden schließlich zu Ihrer inneren Stimme oder Ihrem inneren Dialog.

Die Kraft der Positivität in Ihrem internen Dialog ist entscheidend, um positive Gedanken aufrechtzuerhalten und ein emotional gesundes Leben zu führen.

Neben der neurolinguistischen Programmierung ist das Konzept des internen Dialogs von wesentlicher Bedeutung für das Verständnis. Interner Dialog ist die ständige Stimme in Ihrem Kopf. Laut Psychologen beginnt Ihr interner Dialog mit etwa drei Jahren, wenn Sie lernen, zwischen Denken und Sprechen zu unterscheiden.

Ihre innere Stimme und die Worte, die Sie vokalisieren, können alles in Ihrem Leben beeinflussen, von Ihrer Stimmung bis zu Ihrem Selbstvertrauen und Selbstwertgefühl.

**Häufige negative Gedanken**
Sie könnten die negativen Gedanken, die Sie haben, auch als kognitive Verzerrungen beschreiben. Auf diese Weise überzeugt Sie Ihr Verstand davon, dass etwas real ist, wenn es nicht real ist. Kognitive Verzerrungen verstärken negative Gedanken, indem sie Sie glauben lassen, dass die Negativität wahr ist. Es gibt viele Formen kognitiver Verzerrung. Nachfolgend finden Sie 5 gängige Typen:

## Globalisierung

Dies geschieht, wenn Sie einen Fehler in einem Bereich oder bei einer Aufgabe in Betracht ziehen, um zusammenzufassen, wer Sie als Person sind.

Beispiel: Wenn Sie während eines Streits die Beherrschung verlieren, können Sie sich in dieser Situation als dumm bezeichnen. Wenn Sie sich jedoch global kennzeichnen, betrachten Sie sich jetzt in allen Situationen als dumm. Wenn Sie sich wiederholt als dumm bezeichnen, glauben Sie, dass Sie tatsächlich eine dumme Person sind, und zwar nur aufgrund eines Vorfalls.

## Personalisierung

Sie zeigen Personalisierung, wenn Sie glauben, dass die Handlungen anderer direkt mit Ihnen zusammenhängen.

Beispiel: Eine Mitarbeiterin begrüßt Sie nicht wie gewöhnlich, wenn Sie das Gebäude betreten. Anstatt zu verstehen, dass sie möglicherweise einen schlechten Morgen hatte oder sich nicht gut fühlt, verinnerlichen Sie ihr Verhalten und glauben, dass sie aufgrund von etwas, das Sie getan haben, auf diese Weise auf Sie reagiert.

## Filtern

Beim Filtern entfernen Sie alle positiven Komponenten einer Situation und konzentrieren sich ausschließlich auf das Negative.

Beispiel: Während Ihres jährlichen Meetings erwähnt Ihr Manager 5 Bereiche, in denen Sie fantastisch abschneiden. Er erwähnt dann einen Bereich, in dem Sie Verbesserungen zeigen können. Nach dem Gespräch können Sie sich nur auf den Bereich konzentrieren, in dem Sie Verbesserungen benötigen. Es macht Ihnen etwas aus, als würde Ihr Manager nur negative Dinge über Ihre Arbeitsleistung zu sagen haben.

**Übergeneralisierung**
Bei einer Übergeneralisierung lassen wir einen einzelnen Vorfall als Grundlage für unsere Schlussfolgerung zu.

Beispiel: Wenn Sie bei einem Meeting eine Präsentation halten, stolpern Sie während der Einführung über Ihre Worte. Jetzt glauben Sie, dass Ihre gesamte Präsentation wegen dieses einen Fehlers schrecklich ist.

**Katastrophalisierung**
In diesem Bereich erwarten Sie ständig negative Ereignisse. Dies kann durch Stellen von „Was wäre wenn" -Fragen erfolgen.

Beispiel: Ihr Freund, der in einer anderen Abteilung arbeitet, wird entlassen. Jetzt können Sie nur noch darüber nachdenken, was passiert, wenn Sie Ihren Job verlieren. Was ist, wenn Sie Ihr Zuhause verlieren, weil Sie Ihren Job verloren haben? Was ist, wenn Sie bei Ihren Eltern einziehen müssen, weil Sie Ihr Zuhause verloren haben?

Es gibt zahlreiche Beispiele für negative Denkmuster, die viele Menschen erleben, und das Erkennen dieser Ereignisse ist der erste Schritt, um eine Änderung vorzunehmen.

## Verbessern Sie negative Gedanken mit neurolinguistischer Programmierung

Die neurolinguistische Programmierung bietet eine Vielzahl von Techniken, die Sie implementieren können, um Ihren internen Dialog zu ändern. Im Folgenden finden Sie drei einfache Strategien, die Sie möglicherweise zuvor in Ihrem Leben angewendet haben, ohne die Auswirkungen auf Ihr NLP und Ihren inneren Dialog zu verstehen.

**Affirmationen**
Viele Menschen verwenden häufig Affirmationen in ihrem Leben. Eine Bestätigung ist eine Mischung aus einem Leitbild, einer Glaubenserklärung und einer Verpflichtungserklärung.

Der Zweck einer Bestätigung ist es, Ihnen zu helfen, ein bestimmtes Ziel in Ihrem Leben zu manifestieren, sei es materiell oder immateriell.

Sie sind nützlich, um negative Gedanken zu verbessern, denn wenn Sie kontinuierlich eine positive Aussage wie „Ich bin schön und wundervolle Dinge kommen in mein Leben“ machen, ändern Sie Ihren internen Dialog. Je mehr Sie laut und in Ihrem Kopf positive Aussagen machen, desto mehr glauben Sie ihnen. Dann wird Ihr Leben ein Spiegelbild dieser positiven Überzeugungen.

**Meditation**
Meditation ist eine Technik, die es Ihrem Geist ermöglicht, sich zu entspannen und gleichzeitig Ihr körperliches, geistiges und emotionales Wohlbefinden zu verbessern.

Der Hauptvorteil der Meditation ist, dass sie den Geist beruhigt und ihn ruhig werden lässt. Es trainiert auch Ihr Gehirn, die Gedanken loszulassen, die in Ihren Geist kommen, ob gut oder schlecht. Wenn Sie also das nächste Mal denken, dass Sie inkompetent sind, können Sie dies als einen Gedanken betrachten und ihn loslassen, anstatt ihn zu verinnerlichen.

**Selbstmitgefühl**
Selbstmitgefühl ist von Vorteil, wenn Sie sich aufgrund Ihrer Gedanken gestresst oder ängstlich fühlen. Es ist ein 8-stufiger Prozess, aber um es zusammenzufassen, denken Sie an 5 Menschen, die Sie lieben. Drücken Sie verbal die Angst aus, die Sie empfinden, und stellen Sie sich die Tausenden von Menschen auf der ganzen Welt vor, die wahrscheinlich dasselbe fühlen. Wünschen Sie ihnen alles Gute und stellen Sie sich die 5 Menschen vor, die Sie lieben, um Ihre Größe zu bekräftigen. Wiederholen Sie ihre Aussagen und wenn Sie fertig sind, erkennen Sie, wie sich Ihre Emotionen verändert haben.

**Vorwärts gehen**
Wir alle haben negative Gedanken und hören negative Dinge, die andere über uns gesagt haben. Es liegt jedoch außerhalb des menschlichen Lebens, was Sie mit diesen Gedanken und diesen Worten tun, was den Unterschied in Ihrem

Selbstvertrauen, Ihrem Glück und den Entscheidungen, die Sie in Ihrem Leben treffen, ausmachen kann.

Wenn Sie wissen, dass Ihre negativen Gedanken und die ungünstigen Worte anderer Sie negativ beeinflussen, nehmen Sie sich Zeit, um Ihre Gefühle anzuerkennen und eine Entscheidung darüber zu treffen, was Sie tun werden, um Ihren Geisteszustand zu verbessern. Unabhängig davon, ob Sie die neurolinguistische Programmierung oder eine andere Strategie verwenden, sollten Sie einen positiven internen Dialog mit sich selbst führen, da die Kraft des positiven Denkens das Leben verändert.

# 20 psychologische Tipps und Tricks

**1: „Aber" muss raus.**

Ist aber einfach negativ; Sie können „aber" nicht sagen und es positiv klingen lassen. „Aber" klingt nach Ablehnung, und niemand mag Ablehnung.

"Ich will das so sehr, **ABER** ich habe kein Geld." - "Ich würde es gerne tun, **ABER** ich habe morgen Arbeit."
Seien Sie ehrlich, niemand sagt: "Ich wünschte, ich wäre arm, **ABER** ich habe das ganze Geld der Welt."
Integrieren Sie zwei magische Wörter in Ihr Leben.

**„Und"**
**„Ebenfalls"**

Versuchen Sie dies.

"Ich würde gerne und es ist einfach so schade, dass ich morgen Arbeit habe!"

**2: Deine Meinung äußern**

Wir ignorieren oft, was jemand zu sagen hat. Und die Leute mögen das im Allgemeinen nicht. Gefällt es Ihnen, wenn Sie eine Meinung zu etwas haben und als erstes als Antwort „NEIN“ bekommst? Sicher nicht.
Um dies zu umgehen, fügen Sie zwei magische Sätze in Ihr Leben ein:

**„Ich stimme zu und ...“**
**„Das ist ein guter Punkt und ...“**

Versuchen Sie dies noch heute:
Wenn jemand etwas sagt, mit dem Sie nicht einverstanden sind, anstatt zu sagen: "Nein, ich bla bla bla ...", sagen Sie dies "Ja, ich stimme zu und was ist mit bla bla bla ...?".

**3: Warum sich entschuldigen? Danke sagen!**

Die Leute machen den Fehler, sich zu entschuldigen. Wenn Sie sich entschuldigen, neigen die Leute dazu, noch mehr sauer zu werden.

Versuchen Sie dies, wenn Sie das nächste Mal zu spät kommen:
Anstatt bei der Ankunft zu sagen, "Entschuldigung, ich bin spät dran", sagen Sie "Danke, dass Sie gewartet haben!"
Dies geht jemandem durch den Kopf, der 45 Minuten gewartet hat:

Wenn Sie Entschuldigung sagen: „Ja, richtig, du solltest dich schämen. "
Wenn Sie Danke sagen: "Na ja, es ist in Ordnung ... ich denke"

**4: Erfolg visualisieren.**

Eine Möglichkeit, motiviert zu bleiben und positiv zu denken, besteht darin, sich vorzustellen, wie Sie auf neue Weise handeln. Dies schafft ein mentales Erfolgsbild, das Ihr Selbstvertrauen stärkt und positives oder optimistisches Denken stärkt. Suchen Sie sich dazu einen ruhigen Platz zum Sitzen, entspannen Sie Ihren Körper und schließen Sie Ihre Augen. Malen Sie sich ein Bild von sich selbst, wie Sie Ihren großen Arbeitsauftrag erfolgreich abgeschlossen oder Ihre Präsentation mit Zuversicht gehalten haben. Stellen Sie wirklich alle Details von Ihrer Stimme und Haltung bis zu Ihrem Selbstgespräch ein. Visualisierungsübungen helfen, Körper und Geist zu entspannen. Sie schaffen ein Gefühl der Ruhe und des Wohlbefindens, das zu mehr Selbstvertrauen und Konzentration sowie weniger Stress und Anspannung führen kann.

Wenn Sie Schwierigkeiten haben, den Erfolg zu visualisieren, oder einfach nur etwas anderes ausprobieren möchten, können Sie sich einen gewünschten Geisteszustand wie Entspannung, Zufriedenheit oder Seelenfrieden vorstellen. Stellen Sie sich einen komfortablen, angenehmen Ort vor - einen Ort, den Sie mit Ihrer gewünschten Stimmung verbinden. Erstellen Sie an diesem Ort ein visuelles Bild von sich selbst, indem Sie sich jedes Detail vorstellen und alle Ihre Sinne nutzen.

Wenn Sie durch einen ruhigen Wald gehen, bemerken Sie die kühle Brise auf Ihrem Rücken, das Zwitschern der Vögel, den Geruch der Wildblumen und wie die Sonne vom sanften Strom reflektiert wird. Beachten Sie, wie sich Ihre Muskeln entspannen, Sie tief atmen und ein tiefes Gefühl von Frieden und Zufriedenheit verspüren. Eine geführte Visualisierung wie diese ist ein Kurzurlaub für Ihren Verstand.

**5: Selbstmitgefühl.**

Die meisten von uns sind unglaublich hart zu sich selbst. Wir sind wertend und kritisch und bemängeln jede kleine Unvollkommenheit. Indem wir unsere Fehler und Mängel fixieren und verstärken, trainieren wir uns, uns auf die Negative zu konzentrieren. Dies schadet nicht nur unserem Selbstwertgefühl und Selbstvertrauen, sondern dämpft auch unsere Stimmung und beeinträchtigt unsere Fähigkeit, positive Erfahrungen und Ereignisse in unserem Leben zu genießen. Selbstmitgefühl ist das natürliche Gegenmittel gegen Selbstkritik. Wenn wir uns mit Freundlichkeit und Gnade behandeln, erkennen wir unsere Unvollkommenheiten und Kämpfe an und lieben uns trotzdem.

Hier sind einige Möglichkeiten, Selbstmitgefühl zu üben:
Liebevolle Berührung. Versuchen Sie zum Beispiel, sich selbst zu umarmen oder den Nacken zu massieren.
Mitfühlendes Selbstgespräch. Hier ein Beispiel: Wenn Sie wütend sind, lassen Sie es nicht an einer anderen Person aus. Wir wissen, dass Sie einen

harten Arbeitstag hatten. Eine lange, heiße Dusche wird Ihnen wahrscheinlich helfen, sich besser zu fühlen.
Beachten Sie, was Sie brauchen und geben Sie es sich. Zum Beispiel, hat man Hunger, nimmt man sich Zeit für eine richtige Mahlzeit oder ist man müde, geht man früher ins Bett.

Menschen, die Selbstmitgefühl üben, leiden seltener an Depressionen, Schlaflosigkeit und körperlichen Schmerzen. Selbstmitgefühl ist mit einem höheren psychischen Wohlbefinden, einer höheren Motivation und einer höheren Zufriedenheit mit der Beziehung verbunden.

**6: Erwarten, genießen, merken. Es gibt drei einfache Möglichkeiten, um den Genuss angenehmer Erlebnisse zu steigern.**

Erwarten. Denken Sie an die Aufregung eines kleinen Kindes am Weihnachtsmorgen. Es ist fast greifbar! Ein Teil dessen, was Weihnachten für Kinder so lustig macht, ist die Vorfreude - all die Traditionen und Gespräche über die Feiertage (einen Brief an den Weihnachtsmann schreiben, Bücher zum Thema Weihnachten lesen, den Baum schmücken usw.), die zum Vergnügen beitragen.

Sie können Ihr Glück auf die gleiche Weise steigern. Wenn Sie vor einem bevorstehenden erfreulichen Ereignis, z. B. einem Urlaub oder einer Geburtstagsfeier, Bescheid wissen, versuchen Sie, Zeit damit zu verbringen, die Freude zu antizipieren, die es bringen wird. Dies kann das Betrachten von Reisewebsites oder das Einkaufen für ein Geschenk umfassen.

Der Schlüssel ist, diese Aktivitäten eher als Teil des Genusses als als Aufgaben zu betrachten. Um die Freude an der Vorfreude zu erhöhen, schauen Sie sich Ihren Kalender an, sowohl was diese Woche als auch was in Zukunft noch vor sich geht, und konzentrieren Sie sich aktiv auf den Spaß und die Aufregung.

Genießen. Der zweite Teil der Steigerung Ihres Glücks besteht darin, die guten Zeiten zu genießen. Das Leben ist so gehetzt, dass es einfach ist, Dinge passieren zu lassen, ohne sich voll darauf einzulassen. Die Idee hinter dem Genießen einer Erfahrung ist es, vollständig präsent zu sein. Wenn Sie also beim Klavierabend Ihres Sohnes sind, vermeiden Sie Ablenkungen wie SMS oder das Nachdenken über Ihre To-Do-Liste. Versuchen Sie, alles andere beiseite zu legen und genießen Sie diesen Moment in der Zeit.

Merken. Und der letzte Weg, um Ihr Vergnügen zu steigern, besteht darin, zurückzublicken und über die guten Zeiten nachzudenken. Die meisten von uns tun dies, indem sie sich Fotos ansehen und Geschichten nacherzählen. Sie können dies auch tun, indem Sie ein Sammelalbum erstellen, ein Tagebuch führen oder sogar Ihre alten Kalender durchsehen. Wenn wir uns auf diese Weise erinnern, schärfen wir unsere Erinnerungen und können die Freude, die wir beim ersten Auftreten des Ereignisses empfanden, wieder erleben.

**7:Erweitern Sie Ihren Fokus**

Menschen neigen dazu, die Welt mit Tunnelblick zu sehen. Wir konzentrieren uns auf einen Punkt und konzentrieren dort alle unsere Gedanken und

Gefühle. Wir vergessen, wie gesund es ist, einen Schritt zurückzutreten und die Welt mit größerer Perspektive zu sehen. Hier können wir Ideen ausatmen, uns von schädlichen Menschen, Situationen und Gewohnheiten distanzieren.

Holen Sie sich also jedes Mal, wenn Sie sich festgefahren, gestresst und uninspiriert fühlen, etwas Abstand. Heben Sie Ihren Blick und betrachten Sie das Leben aus einer breiteren Perspektive. Die Welt ist schließlich voller Möglichkeiten.

**8: Dankbarkeitsbesuch**

Positive Beziehungen sind einer der besten Prädiktoren für Glück und Wohlbefinden. Viele von uns haben Menschen in ihrem Leben, die wir schätzen, aber wir nehmen uns nicht die Zeit, die Gründe dafür darzulegen. Einige von uns haben vielleicht Menschen aus unserer Vergangenheit, die sich positiv auf unser Leben ausgewirkt haben, aber sie haben keine Ahnung.

Dankbarkeitsbesuche sind die perfekte Gelegenheit, um unsere Beziehungen zu stärken und jemandem den Tag schön zu machen. In dieser Übung identifizieren Sie eine Person, für die Sie dankbar sind, und erzählen ihnen, wie sie Ihr Leben beeinflusst hat.

*Anleitung: Dankbarkeitsbesuch*

Denken Sie an jemanden, der sich positiv auf Ihr Leben ausgewirkt hat, oder an jemanden, der etwas Großzügiges für Sie getan hat. Es kann ein Elternteil, ein Freund, ein Professor, ein Partner oder fast jeder andere sein. Dies ist vorzugsweise jemand, den Sie besuchen können.

Schreiben Sie Ihrer ausgewählten Person einen Brief, in dem Sie ihnen mitteilen, wie sie Ihr Leben zum Besseren beeinflusst haben. Sagen Sie ihnen, wie sie Ihnen geholfen haben oder warum Sie ihnen dankbar sind.

Wenn möglich, senden Sie Ihren Brief persönlich. Lesen Sie den Brief an sie und lassen Sie das Gespräch dann organisch voranschreiten. Lassen Sie sie den Brief als Geschenk behalten. Wenn es nicht möglich ist, sich persönlich zu treffen, rufen Sie Ihren Freund an und lesen Sie den Brief über das Telefon. Senden Sie den Brief dann an ihn, um ihn aufzubewahren.

Ein Dankbarkeitsbesuch wird ein wenig Arbeit von Ihrer Seite erfordern, aber versuchen Sie es regelmäßig zu tun! Einmal im Monat oder alle paar Monate ist ein vernünftiges Ziel.

**9: Handlungen der Güte**

Freundlichkeit hilft nicht nur anderen, sondern steigert auch Ihr eigenes Glück. Der Schlüssel zur Verwendung von Akten der Freundlichkeit als therapeutische Intervention besteht darin, gezielt über Ihr normales Maß an Freundlichkeit hinauszugehen.

Einige Ideen sind, einen Kaffee für einen Fremden zu kaufen, einem Freund zu helfen, sein Haus zu streichen, jemandem Anweisungen zu geben, der verloren aussieht, einen Freund zum Flughafen zu fahren oder jemandem zu helfen, schwere

Lebensmittel zu seinem Auto zu tragen. Es mag zunächst schwierig sein, Gelegenheiten für freundliche Handlungen zu erkennen, aber Sie werden sich mit der Übung verbessern.

Versuchen Sie, an den Punkt zu gelangen, an dem Sie jeden Tag drei freundliche Handlungen ausführen.

**10: Bedeutung entwickeln**
Ein Sinn für Vergangenheit, Gegenwart und Zukunft kann dazu beitragen, das Wohlbefinden zu verbessern. Die Bedeutung kann entdeckt werden, indem Sie eine Erzählung - oder eine Geschichte - über Ihr Leben erstellen. Wir empfehlen, diese Aktivität über mehrere Wochen abzuschließen. Der Zeitrahmen kann jedoch nach Bedarf angepasst werden.

*Anleitung: Bedeutung entwickeln*
Schreiben Sie die Geschichte Ihrer Vergangenheit. Beschreiben Sie, wie Sie mit Ihren Stärken wichtige Herausforderungen gemeistert haben. Diese Erzählung sollte ungefähr 1-2 Seiten lang sein. Geben Sie sich ein oder zwei Stunden Zeit zum Schreiben, warten Sie ein paar Tage und kommen Sie dann zurück und überprüfen Sie, was Sie geschrieben haben. Fühlen Sie sich frei, Änderungen vorzunehmen!

Als nächstes schreiben Sie, wer Sie jetzt sind. Schreiben Sie, wie sich Ihr gegenwärtiges Selbst von Ihrem früheren Selbst unterscheidet. Besprechen Sie, wie sich Ihre Stärken entwickelt haben. Dieser Eintrag sollte ungefähr 1 Seite lang sein, aber Sie können gerne länger machen.

Schreiben Sie zum Schluss über Ihr imaginäres zukünftiges Selbst. Was für eine Person hoffen Sie zu werden? Wie werden Ihre Stärken wachsen? Was möchten Sie erreichen? Wie können Sie diese Dinge erreichen? Dieser Eintrag sollte auch ungefähr 1 Seite sein.
Speichern Sie es und überprüfen Sie es regelmäßig. Aktualisieren Sie Ihre Erzählungen, während Sie wachsen.

**11: Entwerfen Sie einen schönen Tag**
Wählen Sie irgendwann in der Zukunft einen Tag aus und planen Sie, wie Sie ihn so perfekt wie möglich gestalten können. Diese Aktivität zahlt sich zweimal aus: während der Planung und Ausführung.

Bemühen Sie sich, andere in Ihren schönen Tag einzubeziehen. Das bedeutet nicht, dass Sie keine Zeit alleine haben können, aber Sie sollten nicht den ganzen Tag allein sein!
Nehmen Sie die kleinen Details in Ihren Plan auf. Möchten Sie morgens als erstes Kaffee trinken? Schreiben Sie es auf. Lassen Sie Ihren Tag jedoch nicht völlig frei von Spontanität werden.

Brechen Sie die Routine und machen Sie etwas Neues. Es muss nicht teuer sein oder eine große Sache - nur anders.
Wenn Sie endlich Ihren schönen Tag haben, wissen Sie, dass es nicht genau so sein wird, wie Sie es geplant haben. Akzeptieren Sie die Wendungen, wenn sie kommen, und genießen Sie sie.
Verwenden Sie Achtsamkeit, um Ihren Tag zu schätzen. Seien Sie im Moment. Schätzen Sie das

Gefühl von Sonnenschein, den Klang von Wellen oder den Geruch von Blumen.

Das Ziel ist es, glücklich zu sein und Spaß zu haben.

**12: Nehmen Sie bei jeder Interaktion Komfort an.**

Unser Gehirn ist ein unglaublich kompliziertes Instrument. Unsere Beziehung dazu ist eine Hassliebe. Wir denken, wir haben die Kontrolle darüber, aber normalerweise bestimmt etwas Unbewusstes unser Handeln.

In den meisten unserer sozialen Interaktionen fällt es uns schwer, uns unter Fremden wohl zu fühlen, weil unser Gehirn versucht, uns vor Exposition zu schützen.

Dies hilft uns jedoch nicht, wenn wir versuchen, sozial zu sein und neue Leute kennenzulernen, oder?

Deshalb ist es so mächtig, Komfort anzunehmen. Wenn Sie Ihrem Gehirn das Gefühl geben, dass Sie die Person, die Sie treffen möchten, bereits kennen, sind Sie in einer vorteilhaften Position. Es erhöht die Wahrscheinlichkeit, dass Menschen Interesse an Ihnen zeigen und Sie folglich sogar mögen.

**13: Rahmen Sie eine Anfrage immer als Auswahl ein.**
Niemand mag es, sich unter Druck gesetzt zu fühlen, etwas zu tun, was er nicht tun möchte. Indem Sie eine Anfrage subtil umformulieren, können Sie der Person das Gefühl geben, zu ihren eigenen Bedingungen zur Entscheidung gekommen zu sein.

Menschen, die Dinge sagen wie "Es liegt an Ihnen, ob Sie spenden möchten oder nicht", verdienen am Ende mehr Geld als diejenigen, die einfach um Geld bitten. Gleiches gilt im Allgemeinen für Bands und Sänger, die ihr Album für Geld anbieten. Sie wissen, dass Sie ihre Musik problemlos kostenlos aus dem Internet herunterladen können, und ermutigen Sie daher, dafür zu bezahlen, da es die richtige Wahl ist.

*Eine etwas aggressivere Technik ist der angenommene Abschluss:*

Dies ist eine klassische Verkaufstechnik, die in jeder sozialen Situation eingesetzt werden kann. Anstatt um Erlaubnis zu bitten,  nehmen Sie an, dass die Person dies bereits tut. Natürlich können Sie nicht einfach jemanden zwingen, etwas zu tun, aber eine Leitfrage kann ihn in die richtige Richtung treiben: "Möchten Sie 5 oder 10 Euro spenden?"

Anstatt einfach nur Ja oder Nein zu sagen, müssen sie Ihre Anfrage aktiv ablehnen und sich wie ein Neinsager fühlen.

**14: Schlafziele und Gewohnheitsänderungen**
Setzen Sie sich das Ziel, ein besserer Schläfer zu werden. Menschen auf der ganzen Welt haben chronischen Stress und sind schlaflos. Das heißt, versuchen Sie, jede Nacht 7-8 Stunden Schlaf zu bekommen, ins Bett zu gehen und zu Routinezeiten aufzuwachen. Setzen Sie dies als ein Ziel, das Ihnen wichtig ist, ähnlich wie Sie sich einmal ein Ziel gesetzt haben, um die Schule abzuschließen und täglich daran zu arbeiten. Wahres Engagement.

Schlaf ist das beste Mittel, um Stress abzubauen. Ihr Schlafzimmer ist keine Arbeitsumgebung, keine Lernumgebung, dort gibt es keine Nachrichten und kein Fernsehen.

**15: Rumination reduzieren und Geschmack genießen**
Wissenschaftliche Studien haben gezeigt, dass Menschen mit Gedanken, die nicht abwandern, glücklicher und weniger gestresst sind. Dies beinhaltet das Nachdenken über positive Dinge. Aber wenn Ihr Verstand denkt, können Sie es aufhalten? Besonders wenn es chronisch negatives Denken ist? Ja, das können Sie, aber das ist eine kompliziertere Technik, die bei NLP gelehrt wird.

Der Trick besteht darin, NLP zu verwenden, um das Wiederkäuen über unerwünschte Ereignisse zu reduzieren und den Genuss guter Ereignisse zu steigern.

**16: Meditation**
Da Meditation ein so mächtiges Werkzeug ist, um Stress abzubauen, kann sie nicht ignoriert werden.

Sie könnten Meditation als Ziel setzen. Können Sie sich vorstellen, was Sie sehen, hören und fühlen werden, sobald Ihr Stress abnimmt, Ihre Konzentration besser wird und Ihre Emotionen sich besser reguliert anfühlen. Alle Vorteile der Meditation.

Die meisten Meditationen enthalten einen Körperscan. Wie fühlt sich Nicht-Stress oder Entspannung an, wenn Sie Ihren Körper von der Oberseite Ihres Kopfes bis zu den Zehenspitzen scannen? Wie fühlt sich Ihr Magen zum Beispiel an? Sind Ihre Schultern entspannt? Kiefer leicht gefallen? Gibt es einen Energiefluss in Ihrem Körper? Wie ist Ihre Atmung?

Wenn Sie genau wissen, wie es sich im Inneren Ihres Körpers anfühlt, können Sie es absichtlich erschaffen? Zum Beispiel, indem Sie den Kiefer fallen lassen oder die Muskeln entspannen. Wenn Sie das nächste Mal meditieren, sollten Sie die Möglichkeit in Betracht ziehen, einen Moment hinzuzufügen, in dem Sie dem Körper absichtlich erlauben, in einen entspannteren Zustand zu gelangen. Sie können diese Technik auch außerhalb der Meditation anwenden.

**17: Kennen Sie Ihr Ziel**
Was ist Ihr Ziel für die Kommunikation mit anderen Menschen? Einige Kommunikation dient nur zum Spaß und hat kein bestimmtes Ergebnis.

Es ist jedoch wichtig, dass Sie wissen, welches Ergebnis Sie erzielen möchten, wenn Sie ein bestimmtes Ergebnis erzielen möchten. Auf diese Weise können Sie Ihre Kommunikation auf ein bestimmtes und messbares Ziel ausrichten.

Denken Sie immer daran, dass Sie, wenn Sie ein Ziel in der Kommunikation haben, wahrscheinlich auch die andere Person eins hat. Stellen Sie immer sicher, dass Ihr Grund für die Kommunikation mit jemandem nicht mit den Gründen für die Kommunikation mit Ihnen in Konflikt steht.

In den meisten Fällen ist es am besten, der anderen Person zu helfen, ihr Ziel zu erreichen. Denken Sie daran und Sie haben das Geheimnis, lebenslange Win-Win-Situationen zu schaffen.

**18: Hören Sie zu**

Viele Menschen gewöhnen sich an, immer zu reden und nie zuzuhören. Kommunikation ist keine Einbahnstraße. Viele Aspekte der Persönlichkeit, Überzeugungen und Werte Ihres Partners werden erst sichtbar, wenn Sie zuhören, wie er spricht.

Wenn Sie zu sehr in Ihre eigene Geschichte verwickelt sind, wissen Sie nicht, was in den Gedanken der anderen Person passiert. Nehmen Sie immer die Haltung ein, dass es bei dem Gespräch nicht um Sie geht.

Wenn Sie sich darauf konzentrieren, können Sie ihnen besser helfen, das zu bekommen, was sie wollen. So können Sie das bekommen, was Sie wollen.

Kommunikation kann bei Interessenkonflikten schwierig sein. Das Kennzeichen eines Meisterkommunikators ist die Fähigkeit, Gemeinsamkeiten und Übereinstimmungen zu finden, bei denen es nur Gegensätze zu geben scheint.

Die Menschen werden immer offener für Perspektivenwechsel oder die Übernahme neuer Ideen sein, wenn diese Ideen von jemandem stammen, der eine gemeinsame Absicht hat.

Es ist wichtig, Wege zu finden, um Menschen zu demonstrieren, dass Ihre Wünsche und Bedürfnisse nicht im Widerspruch zu ihren stehen. Im Kern der menschlichen Psychologie wollen die Menschen einfach nur glücklich sein. Wenn Sie den Menschen geben können, was sie wirklich wollen, werden sie Ihnen nicht widerstehen.

**19: Verantwortung übernehmen**

Viele Menschen machen es sich zur Gewohnheit, ihre Verantwortung für die Ergebnisse ihrer Kommunikation aufzugeben.

Wenn Sie andere für Ihren eigenen Geisteszustand verantwortlich machen, verlieren Sie die Wahl, ihn zu ändern. Wenn Sie Verantwortung für Ihre eigenen Gefühle, Ideen, Erfolge und Misserfolge übernehmen, bereiten Sie sich auf Empowerment vor.

Wenn Sie während der Kommunikation ein unerwünschtes Ergebnis erhalten, gehen Sie niemals davon aus, dass es die Schuld der anderen Person ist. Je mehr Verantwortung Sie für die

Ergebnisse einer Interaktion übernehmen, desto besser. Denken Sie jedoch immer daran, dass Sie andere Personen nicht kontrollieren können.

Wenn etwas nicht so ausfällt, wie Sie es geplant hatten, ist es nicht Ihre Schuld. Es liegt jedoch immer noch in Ihrer Verantwortung, sich zu verbessern und es beim nächsten Mal noch besser zu machen.

**20: Perspektiven wechseln**

Eine Schlüsselkompetenz für den Erfolg in der Kommunikation ist die Fähigkeit, aus der Perspektive einer anderen Person zu denken. Dies erfordert die Bereitschaft, über die eigene Perspektive hinauszuschauen.

Es ist äußerst hilfreich, sich daran zu erinnern, dass Ihre Ideen, egal wie wahr sie Ihnen gerade erscheinen, anders aussehen. In vielen Fällen sind ihre Perspektiven genauso gültig wie Ihre.

Je eher Sie bereit sind, wirklich darüber nachzudenken, wie es sich anfühlen muss, in der Welt eines anderen Menschen zu leben, desto besser können Sie verstehen, woher er kommt, warum er sich so verhält, wie er ist, und was Sie tun können, um ihn neue Perspektiven anzubieten.

Ein Perspektivwechsel kann das Leben für immer verändern.

Haben Sie jemals versucht, jemanden von Ihrem Standpunkt zu überzeugen, indem Sie argumentieren? Es funktioniert normalerweise nicht sehr gut. Eine der besten Möglichkeiten, diese Art von Widerstand zu durchbrechen, besteht darin, Fragen zu stellen.

Mit Fragen können Sie klarstellen, was andere Leute sagen. Klärende Fragen sind sehr überzeugend, da Menschen Informationen löschen, verallgemeinern und verzerren, um ihre Überzeugungen, Werte und Ideen zu schaffen.

Das NLP-Metamodell bietet einen Konversationsrahmen, um zu wissen, welche Fragen zu stellen sind (und warum). Selbst wenn Sie das Metamodell noch nicht kennen, wird ein einfacher Wechsel Ihres Gesprächsstils von Streiten zu Neugier wahrscheinlich einen Großteil der Spannung lösen.

Sie werden erstaunt sein, wie schnell Menschen zu einem neuen Standpunkt gelangen, wenn Sie anfangen, ein paar einfache Fragen zu stellen.

Jede Person, die Sie treffen, hat eine ganze Lebensgeschichte, die zu einem einzigartigen Kommunikationsstil beiträgt. Möglicherweise kennen Sie bereits die Idee, dass einige Menschen visuell lernen, andere auditorisch lernen und andere eher gefühlsbasiert sind.

Dies ist eine übermäßige Vereinfachung und die Menschen sind tatsächlich viel komplexer als diese drei Kategorien. Jeder Mensch hat eine einzigartige Denkweise über die Welt, die sich aus den von ihm gewählten Diskussionsthemen bis zu seinen tiefsten Werten ergibt.

Wenn Sie Ihre Ideen in eine Sprache bringen, die die andere Person verstehen kann, erzielen Sie bessere Ergebnisse. Wenn Sie mit jemandem sprechen, der sehr auf Menschen ausgerichtet ist, möchten Sie möglicherweise in Bezug auf Menschen kommunizieren. Andere Menschen werden mehr von Fakten und Zahlen überzeugt sein.

Achten Sie auf die Sprache, die die Leute verwenden, und Sie werden Widerstände beseitigen und bessere Ergebnisse erzielen

Um ein guter Kommunikator zu sein, muss man flexibel sein.

Man muss erkennen, dass jede Person anders ist. Was mit einer Person funktioniert, wird eine andere beleidigen. Der Schlüssel, um ein wirklich guter Kommunikator zu sein, besteht darin, besser Win-Win-Situationen für alle Arten von Menschen zu schaffen.

Wenden Sie diese NLP-Tipps für an, und wir sind zuversichtlich, dass Sie positive Veränderungen in Ihrem persönlichen Leben, Geschäftsleben und all Ihren anderen Bereichen feststellen werden.

# Fazit

Die neurolinguistische Programmierung (NLP) ist ein System der Selbstentwicklung, das auf der Beziehung zwischen mentalen Prozessen (Neurologie), den Wörtern, mit denen wir kommunizieren (Linguistik) und gewohnheitsmäßigen Verhaltensmustern (Programmierung) basiert.

Eine der einfachsten Möglichkeiten, die Frage zu beantworten: "Was ist NLP?" ist es als "Benutzerhandbuch für das Gehirn" zu beschreiben. Durch das Lernen, die Sprache des Geistes zu sprechen, wird vorgeschlagen, dass NLP eine Möglichkeit sein kann, außergewöhnliches Verhalten zu modellieren und die Gewohnheiten zu ändern, die Menschen daran hindern können, ihr Potenzial auszuschöpfen. Neben Beratern und Trainern kann NLP auch von Psychologen, einschließlich Hypnotherapeuten, praktiziert werden.

NLP ist eine selbstregulierte Modalität, die weltweit vertreten wird.

Insgesamt soll NLP eine Person befähigen, die Kontrolle über ihre mentalen Prozesse zu übernehmen, und ihnen ermöglichen, das Leben durch Entscheidung zu steuern, anstatt sich an gewohnheitsmäßige Verhaltensweisen zu halten.

Erfahrungswerte für die Wirksamkeit von NLP sind häufiger vorhanden, und es gibt zahlreiche Berichte über seine Vorteile für die Unterstützung von Verhaltensänderungen. Es gibt auch veröffentlichte Fallstudien, die darauf hinweisen, dass NLP für Schüler vorteilhafte Lernergebnisse bieten kann. Es wird regelmäßig berichtet, dass NLP die Kommunikations- und Verhandlungsfähigkeiten verbessert, und es wird behauptet, dass es den Ersatz kontraproduktiver Gewohnheiten durch Verhaltensweisen unterstützt, die zum Erfolg führen.

Erfolgreiche Verhaltensweisen können eine verbesserte Kommunikation mit Ihrer Familie oder mit Mitarbeitern, die Überwindung des Aufschubs, um entschlossene und sinnvolle Maßnahmen zu ergreifen, und die Entwicklung von Belastbarkeit umfassen, um Sie bei der Bewältigung der unvermeidlichen Herausforderungen und Schwierigkeiten des Lebens zu unterstützen.

NLP soll für Geschäftsleute von Vorteil sein, indem es ihre Fähigkeit verbessert, sinnvolle Beziehungen aufzubauen und aufrechtzuerhalten sowie Führungsqualitäten zu stärken. Es wird auch berichtet, dass es Athleten und Trainern hilft, mentale Praktiken anzuwenden, die zu außergewöhnlichen sportlichen Leistungen führen können.

NLP ist eine sehr leistungsfähige Technik, die auf der Kraft Ihres eigenen Geistes basiert. Einige nennen es vielleicht „Gedankentricks“, aber mit diesen und anderen von NLP-Praktikern entwickelten Techniken können Sie lernen, die Kontrolle über Ihren Geist zu übernehmen und wie Sie auf die Welt reagieren.

Sie sind möglicherweise nicht in der Lage, die Welt zu kontrollieren, aber Sie können entscheiden, wie **Sie darauf reagieren.**

# Hat ihnen das Buch gefallen?

Gibt es etwas zu verbessern oder zu verändern?
Feedback ist willkommen
gerne an dlamancu@gmx.de

Weitere Bücher Finden sie hier

Speed Reading

Gedächtnistraining

Vielen lieben Dank für Ihre Unterstützung

# Haftungsausschluss

Die Umsetzung aller enthaltenen Informationen, Anleitungen und Strategien dieses E-Books erfolgten auf eigenes Risiko. Für etwaige Schäden jeglicher Art kann der Autor aus keinem Rechtsgrund eine Haftung übernehmen. Für Schäden materieller oder ideeller Art, die durch die Nutzung oder Nichtnutzung der Informationen bzw. durch die Nutzung fehlerhafter und/oder unvollständiger Informationen verursacht wurden, sind Haftungsansprüche gegen den Autor grundsätzlich ausgeschlossen. Ausgeschlossen sind daher auch jegliche Rechts- und Schadensersatzansprüche. Dieses Werk wurde mit größter Sorgfalt nach bestem Wissen und Gewissen erarbeitet und niedergeschrieben. Für die Aktualität, Vollständigkeit und Qualität der Informationen übernimmt der Autor jedoch keinerlei Gewähr. Auch können Druckfehler und Falschinformationen nicht vollständig ausgeschlossen werden. Für fehlerhafte Angaben vom Autor kann keine juristische Verantwortung sowie Haftung in irgendeiner Form übernommen werden.

# Urheberrecht

# Impressum


ISBN: 9798675931132

1. Auflage


Kontakt:
La Mancusa Daniele
Vorstadtstr. 52
73614 Schorndorf

Printed in Poland
by Amazon Fulfillment
Poland Sp. z o.o., Wrocław

71174594R00078